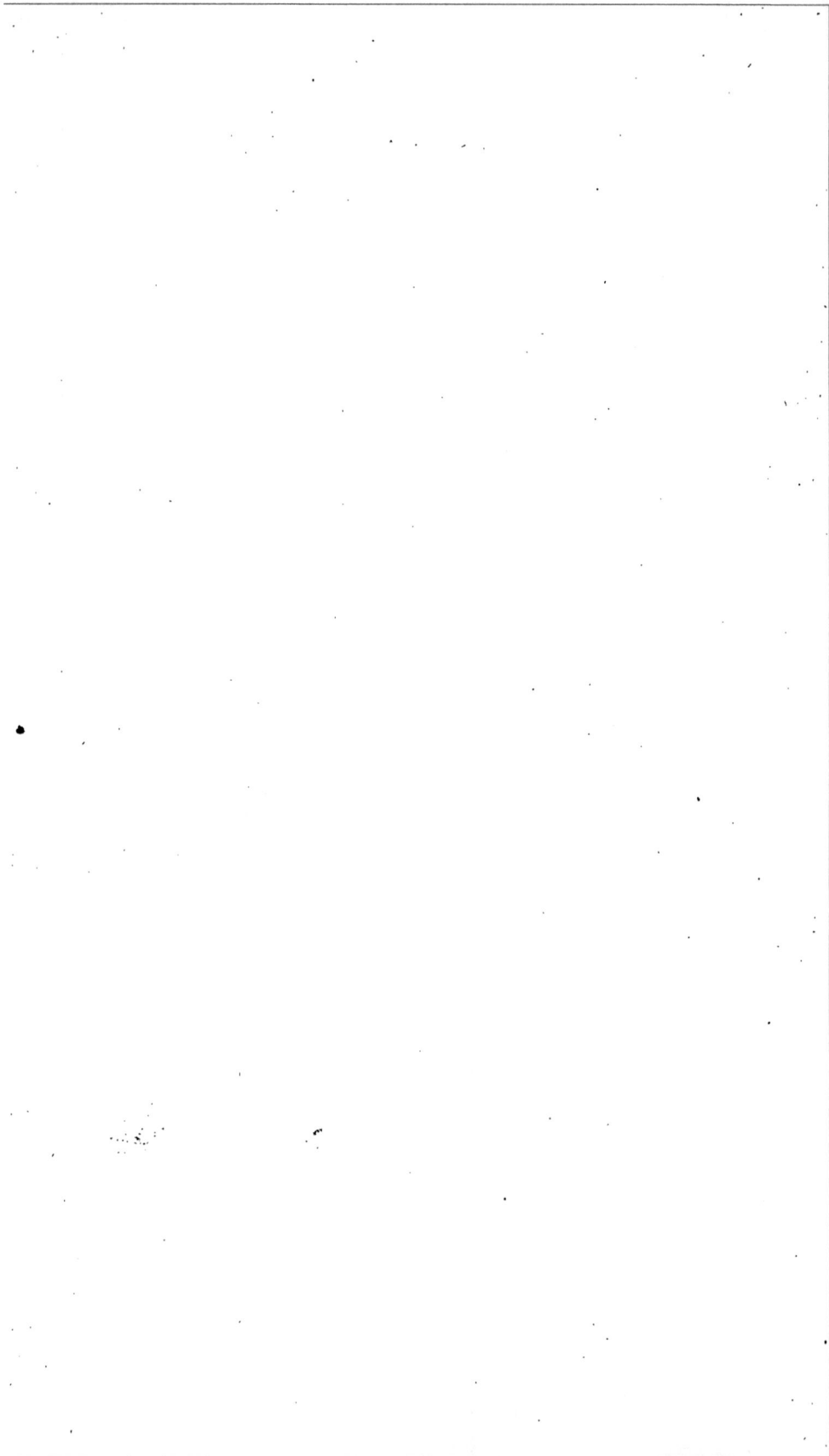

L'ESPAGNE

ET

LE MAROC

EN 1860

Alençon, Imp. de Poulet-Malassis et De Broise.

L'ESPAGNE

ET

LE MAROC

EN 1860

PAR

M. A. FILLIAS

PARIS

POULET-MALASSIS ET DE BROISE

IMPRIMEURS-LIBRAIRES-ÉDITEURS

9, rue des Beaux-Arts

—

1860

PRÉFACE

—

La guerre que l'Espagne fait au Maroc
ne saurait passer inaperçue : c'est un des
grands faits de l'histoire contemporaine.
Le Maroc étant peu connu, le livre que
nous publions offrira peut-être quelque
intérêt.

Grâce à sa position géographique, l'empire du Maroc est de plus en plus entraîné
dans le mouvement européen et lié à la
destinée coloniale de la France. Or, et

pour ne parler que de ces dernières an-
nées, plus d'une fois, depuis la bataille
d'Isly, l'Europe, et la France en particulier,
ont eu des démêlés avec Abd-Er-Rhamann.
— Qu'on nous permette de rappeler quelques faits. En 1849, un courrier du consul
français fut arrêté, puis assassiné dans sa
prison. Le consul insista pour que les
meurtriers fussent punis : on ne tint aucun compte de ses réclamations et on mé-
prisa ses menaces. Un sujet des Etats du
pape, placé sous la protection de la France,
fut également assassiné. Un attaché à la
mission française fut indignement volé,
sans que notre gouvernement pût obtenir
le châtiment des coupables. Enfin, en avril
1851, un brick français échoué devant
Salé fut pillé sous les yeux des autorités
du pays, et avec leur adhésion. Le cabinet de Paris n'hésita plus : une expé-

dition contre Salé fut résolue. Une division, sous les ordres du contre-amiral Dubourdieu, se présenta devant la ville (25 novembre 1851) et la bombarda.

En 1854, un négociant français, M. Paul Rey, fut assassiné à Tanger par un Chérif marocain. Pour obtenir l'exécution du Chérif, le chargé d'affaires de France fut obligé de déclarer que si justice n'était point faite, il romprait officiellement ses relations avec le gouvernement impérial. Les consuls européens lui écrivirent à ce sujet une lettre collective par laquelle ils le félicitaient « d'avoir atteint un succès tout-à-fait inespéré; » car, disaient-ils, « l'expérience nous a appris que le supplice d'un musulman en expiation d'un meurtre par lui commis sur la personne d'un chrétien est un fait qui n'a pas de précédent au Maroc. »

Au mois d'août 1856, la corvette prussienne *le Dantzic*, ayant à son bord le prince Adalbert, longeait la côte du Riff. Le prince voulut descendre à terre : il fut reçu par une décharge de mousqueterie. Aussitôt il débarqua à la tête de soixante-cinq hommes; mais assailli par des forces supérieures, il dut battre en retraite après avoir subi des pertes sensibles. Le 9 septembre de la même année, les troupes espagnoles cantonnées à Mélilla furent vigoureusement attaquées par les Maures et durent livrer un combat acharné. Enfin, en 1859, sont arrivés les événements qui nous occupent.

Toutes les nations de l'Europe, — une seule exceptée, — ont vu avec satisfaction le gouvernement de la reine Isabelle prendre en ses mains la cause de la civilisation. Pour expliquer l'attitude malveillante de

la Grande-Bretagne, quelques mots suf-
firont : — Les Chérifs tiennent à honneur
de n'avoir aucune relation avec les chrétiens; en cela, ils suivent les prescriptions
du Koran. Mais au Maroc, aussi bien qu'ailleurs, il n'est point de règle sans exception,
et, là où les autres puissances ont échoué,
l'Angleterre a réussi.

Exemple :

Les conditions auxquelles était soumis
le commerce européen dans les ports de
l'empire étaient devenues intolérables.
Abd-Er-Rhamann modifiait suivant son
intérêt les droits de douane, créait ou
abolissait des monopoles, et violait comme à plaisir les traités précédemment
conclus avec les puissances étrangères.
L'Angleterre protesta énergiquement contre cet état de choses, et son consul général, M. Drummond-Hay, fut assez heu-

reux pour obtenir (1856) un nouveau traité
dont voici les principales dispositions : Il
y aura désormais liberté réciproque de
commerce entre les deux pays. Les sujets
anglais pourront résider et trafiquer dans
tous les ports du Maroc ouverts aux étrangers; il leur sera permis de louer et de
bâtir des maisons, des magasins, etc.,
d'acheter et de vendre tous les articles
non prohibés. — Le sultan du Maroc s'en-
gage à abolir tous monopoles et toutes
prohibitions sur les marchandises im-
portées, excepté les pipes à fumer, l'o-
pium, le soufre, la poudre, le salpêtre,
le plomb, les armes et munitions; il sup-
primera de même tous les monopoles qui
concernent les produits agricoles, sauf le
quinquina, les sangsues, le tabac et les
autres plantes employées pour fumer. —
Il ne sera perçu aucune taxe, péage, droit

ou charge quelconque sur les produits du Maroc achetés par les Anglais; ces produits ne seront soumis qu'au droit d'exportation stipulé par le traité. — Les Anglais seront libres d'administrer leurs propres affaires et de choisir leurs mandataires, facteurs ou courtiers. — Les droits à percevoir sur tous les articles importés n'excéderont pas 10 pour 100 de la valeur au port de débarquement; et un tarif spécial est fixé pour les principaux articles d'exportation. — Un article assimile le pavillon anglais au pavillon marocain pour le paiement des droits d'ancrage, de tonnage, etc., et il fixe divers taux *maxima* au-dessus desquels ces droits ne pourront jamais être élevés (1).

L'Angleterre, on le voit, était singuliè-

(1) *Annuaire des Deux-Mondes* (1856-1857).

rement favorisée. Mais l'Espagne fera sans doute au Maroc ce que la France a fait en Algérie. Le cas échéant, le commerce anglais n'aura plus de priviléges, — et c'en est assez pour que le cabinet britannique entrave de tout son pouvoir l'expédition.

J'ai dit que le Maroc est peu connu : il a, cependant, ses historiens et ses géographes. Parmi les auteurs contemporains il faut citer : MM. L. Sédillot, Pélissier, Renou, Drummond-Hay, Hafer, Paul Rey, Léon Godard et Lacroix. J'ai puisé dans tous leurs ouvrages; je me suis aidé, surtout, des recherches savantes et consciencieuses de MM. E. de Pontevès et V. Rihet, dont je m'honore d'être l'ami. — *Suum cuique.*

AVANT-PROPOS

—

I

L'Espagne a subi, depuis soixante ans, d'étranges vicissitudes : de 1808 à 1814, elle soutenait contre la France une lutte acharnée et tenait en échec le plus grand capitaine des temps modernes; en 1820, après une révolution fameuse, elle changeait la forme de son gouvernement et substituait au pouvoir absolu la monarchie constitutionnelle; trois ans plus tard, une armée française renversait le gouvernement des Cortès et restituait au roi son autorité et ses prérogatives. — En 1833, Ferdinand VII abolit la loi d'hérédité, qui excluait les femmes du trône, et légua la couronne à sa fille Isabelle, encore enfant, sous la

1

tutelle de Christine, sa mère. On sait le reste : tous les partis politiques s'agitèrent autour du trône et la guerre civile ensanglanta l'Espagne.

Aujourd'hui, tout sentiment de discorde a disparu : la nation a retrouvé, si nous pouvons ainsi parler, possession d'elle-même ; elle se groupe autour de la reine ; chaque parti laisse sommeiller ses espérances ; tous les cœurs battent à l'unisson ; les Espagnols n'ont plus qu'un cri : *Guerre au Maroc !*

Les deux peuples se sont rencontrés plus d'une fois sur les champs de bataille : les Maures n'ont point oublié que leurs ancêtres ont conquis l'Espagne, et dans chaque famille on conserve encore avec un soin religieux tout ce qui rappelle une grandeur passée. Les Espagnols se souviennent, eux aussi, de l'expédition de Charles-Quint et de celle d'O'Reilly. Ils brûlent de venger leurs défaites : de part et d'autre on se prépare au combat avec une égale ardeur. La question religieuse se mêle à la question politique ; les haines séculaires se ravivent ; la lutte va commencer.

Lutte de la civilisation contre la barbarie, et dont l'issue n'est point douteuse. L'Espagne doit triompher. Elle triomphera !...

II

Le Maroc est, comme la Chine, fermé aux Européens. Le gouvernement s'est fait une loi d'éloigner les étrangers, et les chrétiens qui résident dans les villes du littoral sont soumis à de continuelles vexations. — Le fanatisme religieux explique cet état de choses : la politique personnelle des empereurs le consacre et le justifie.

Et en effet, l'établissement des Européens dans l'intérieur de l'empire aurait pour résultat immédiat de donner au commerce un rapide développement; de remettre par cela même en contact, et de rapprocher, à la longue, deux races actuellement ennemies; d'opposer aux mœurs des barbares les mœurs de gens civilisés, et de provoquer, par cette opposition, une révolution.

Aussi bien, la conquête de l'Algérie a complétement modifié, sinon le caractère, du moins l'esprit des indigènes : les pirates ont disparu; les Arabes, qui vivaient dans une honteuse oisiveté, ont pris goût au commerce comme à

l'industrie, trafiquent ou travaillent; les Nomades sont devenus sédentaires; dans les trois
provinces, Maures, Kabyles ou Berbères se
sont faits producteurs, et, sans souci du
Koran, empruntent volontiers à la race con-
quérante son luxe, son confort, jusqu'à ses
habitudes; j'allais dire jusqu'à ses vices.

Mais ce n'est pas tout : la répulsion que
les disciples de Mahomet professaient pour
les chrétiens a graduellement diminué. La
voix des Dérouiches n'a plus d'échos : chrétiens, musulmans et juifs, également libres,
également protégés par la loi qui les couvre de
son égide, peuvent suivre en toute sécurité,
dans l'Afrique française, leurs rites religieux.

Or, ce qui s'est produit dans la régence
pourrait se produire dans le Maroc, et l'empereur le comprend si bien que pour échapper au péril il ferme systématiquement son
royaume aux explorateurs étrangers.

III

Plusieurs fois déjà la France a dû châtier les tribus pillardes qui avoisinent sa frontière ; de 1832 à 1840, la garnison de Tlemcen fut toujours sur le qui-vive, et le commandant Cavaignac eut souvent à repousser les attaques des Marocains. En 1844, l'empereur Abd-Er-Rhamann, cédant plutôt à une influence étrangère qu'à ses propres intérêts, se crut assez fort pour nous chasser de la régence : le maréchal Bugeaud accourut d'Alger, et défit en trois heures une armée de 40,000 hommes. — Il nous était facile, au lendemain de la victoire, de pénétrer au cœur même de l'empire, ou tout au moins de nous emparer des ports les plus importants : Mogador et Tanger avaient été ruinées par notre artillerie ; nous devions les occuper. On n'en fit rien, cependant. Pourquoi ? Parce que l'Angleterre avait mis son *veto*.

« Entre la France et l'Angleterre, a dit un éminent historien, un conflit est inévitable, parce que la constitution économique des deux pays est aujourd'hui la même, et en fait deux nations essentiellement maritimes. Le principe qui domine notre ordre social n'est-il pas celui de la concurrence illimitée ? La concurrence illimitée n'a-t-elle point pour corollaire une production qui s'accroît sans cesse et à l'aventure ? Pour trouver à une production dont l'essor est si impétueux et si déréglé des débouchés toujours nouveaux, ne faut-il pas conquérir industriellement le monde et *commander aux mers ?*

» Le jour où nous avons détruit les jurandes et les maîtrises, ce jour-là, la question s'est trouvée tout naturellement posée de la sorte : Il y a une nation de trop dans le monde, il faut ou que la France périsse, ou que l'Angleterre soit rayée de la carte. Ce jour-là, en effet, d'étranges complications s'ajoutèrent à cette longue rivalité qui, au quinzième siècle, amenait un duc de Bedfort à Paris et faisait fuir Charles VII à Bourges. En 1789, la France adopta toutes les traditions de l'économie politique anglaise; elle devint un peuple industriel à la manière du peuple anglais. Lancée sur la pente rapide de la concurrence, elle s'imposa la nécessité d'aller partout établir

des comptoirs, d'avoir des agents dans tous
les ports. Mais disputer l'Océan à l'Angleterre, c'était vouloir lui arracher la vie. Elle
l'a bien compris. De là les coalitions soldées
par elle ; de là le blocus continental ; de là le
duel affreux entre Pitt et Napoléon. Mais Pitt
mort, Napoléon lentement assassiné, il faudra
bien que la lutte recommence (1). »

Certes, nous sommes loin de vouloir ré-
veiller des haines depuis longtemps assoupies :
nous pensons, tout au contraire, que l'alliance
intime de la France et de l'Angleterre assure-
rait le repos du monde. Mais les faits ont
leur éloquence et doivent servir à notre en-
seignement. — Analysons les faits.

En vertu des principes que nous énoncions
tout à l'heure, l'Angleterre a déclaré la guerre
à la Chine. — Plus tard, elle a convoité l'Asie
centrale ; mais l'exploitation de ces contrées
ne pouvant avoir lieu qu'au moyen des trois
routes qui relient la Méditerranée aux Indes,
le cabinet anglais voulut : 1° s'emparer du
littoral de la Syrie, arracher cette puissance
au pacha d'Egypte et à l'influence française ;

(1) L. Blanc, *Organisation du travail*, p. 61.

2° demeurer maître de la navigation de la Méditerranée.

La première partie de ce programme est actuellement remplie : la Syrie a été arrachée au vice-roi d'Egypte; Saint-Jean–d'Acre et Beyrouth sont devenus deux ports anglais (1840). La seconde partie présentait plus de difficultés, attendu que la ligne de Gibraltar à Malte se prolonge devant nos ports algériens. Que fit l'Angleterre ?

Sous le prétexte de résoudre la question d'Orient, elle organisa une ligue d'où la France fut injurieusement exclue; et, comme il était à croire que Louis-Philippe, ainsi mis à l'index, releverait le gant que lui jetait l'Europe, elle mit tout en œuvre pour nous créer en Algérie des embarras insurmontables : Abd-El-Kader reçut de Gibraltar de l'argent et des munitions, et reparut plus audacieux que jamais. Abd-Er-Rhamann entra lui-même dans la coalition, et, sous la promesse expresse qu'il serait soutenu, il engagea la lutte. Il fut vaincu; l'Angleterre, aussitôt, modifia ses plans. Elle aiguillonna l'ambition de l'émir et lui offrit ses bons offices. Ce fut alors qu'Abd-El-Kader conçut le projet de renverser Abd–

Er-Rhamann. Maître de l'empire, il cédait à
la Grande-Bretagne le port de Tanger, si ar-
demment convoité par elle, et se créait de la
sorte un puissant auxiliaire (1). — Mais cette
fois encore ces projets furent déjoués : le vieux
Chérif vit le piége et chassa de son royaume
le rival que lui suscitait l'Angleterre.

Depuis, Abd-Er-Rhamann est mort ; son
fils lui a succédé, et le voici en guerre ouverte
avec l'Espagne. Que produira cette guerre, au
point de vue de l'intérêt général ? nul ne le
peut prévoir : le maréchal O'Donnel a solennellement déclaré que la reine Isabelle ne
songeait point à agrandir ses possessions, et
le *Times* en a pris acte. N'en déplaise à la
presse anglaise, nous comptons et nous espérons bien que le cabinet de Madrid n'a point
dit son dernier mot : le Maroc est fermé
à la civilisation ; ses côtes sont infestées de
pirates ; les résidents européens y sont mal
vus et mal traités ; leur existence même est
souvent en péril. Or, cet état de choses ne
saurait durer éternellement ; force doit rester

(1) Richard, *Etude sur l'insurrection du Dahra*, 1845. —
Le Blanc de Prébois, *les Départements algériens*.

au droit et à la civilisation. Le premier devoir
de l'Espagne victorieuse sera de faire dans
l'empire des Chérifs ce que nous avons fait
dans la régence. La tâche est difficile à remplir : mais elle est digne d'un grand peuple !...

LE MAROC ET L'ESPAGNE

(1860)

LE MAROC ET L'ESPAGNE

(1860)

—

L'empire du Maroc, formó des anciens royaumes de Maroc et de Fez, occupe l'angle nord-ouest du continent africain ; il est situé sur les deux versants nord-ouest et sud-ouest de l'Atlas. Borné à l'ouest, par l'Océan ; au midi et au sud-est par le Sahara ; à l'est, par l'Algérie, et au nord, par la Méditerranée, il occupe sur le globe une superficie d'environ 6,300 myriamètres carrés : c'est un sixième de plus que la France, ou la totalité de la péninsule hispanique (Espagne et Portugal).

Le Maroc fut successivement occupé par les

Romains (il formait la Mauritanie Tingitane), par les Vandales, les Grecs; puis, au VIIIe siècle, par les Arabes; il fut, en 1051, enlevé aux Kalifes Fatimites par les Almoravides, qui étendaient leur domination sur l'Espagne; les Almoravides y furent remplacés par les Almohades en 1129; par les Mérinites, en 1270; et enfin, en 1516, par les Chérifs, qui se prétendaient issus de Mahomet. — Cette dernière dynastie règne encore.

On distingue dans l'empire les provinces du Maroc, de Fez, de Sous, de Talifet, et le pays de S'Azat; l'administration civile et militaire de ces provinces est partagée entre trente gouvernements ou préfectures, que commande un kaïd, revêtu de plus ou moins d'autorité, et qui, dans certaines villes, prend le titre de pacha ou gouverneur général.

Les rivières les plus considérables sont :

Dans la province de Fez :

La Mouloniah, qui se jette dans la Méditerranée, et l'Oued-Sbou, qui se jette dans l'Océan.

Dans la province de Maroc :

L'Oued-R'bia, le Tensiff et l'Oued-Sous : toutes les trois se jettent dans l'Océan.

Dans les versants méridionaux de l'Atlas :

L'Oued–Dra'a, le Guir et le Ziz. — L'Oued-Dra'a a un parcours plus long d'un sixième que celui du Rhin.

La partie du Maroc baignée par la Méditerranée a environ 400 kilomètres ; celle baignée par l'Océan Atlantique, 1,000 kilomètres.

Dans toute cette étendue de côtes, le Maroc ne possède qu'un seul port sur la Méditerranée, celui de Tétuan ; dans le détroit de Gibraltar se trouve la petite baie d'Al-Kassar-el-Seghir, et, un peu plus à l'ouest, une autre plus commode et plus sûre, celle de Tanger. — Sur l'Océan, on trouve les ports d'Arzilla, d'El-Araich, de Abath, de Fdhala, de Mazaghan, de Safi, de Mogador et d'Agadir.

L'Espagne possède différents ports sur la côte marocaine ; ce sont, dans la Méditerranée : Mélilla, Pegnon de Vellez, Abboucedas et Ceuta, dont elle a fait des présides ou lieux de déportation.

L'empire du Maroc est assez peu connu pour que nous puissions entrer dans quelques développements.

CLIMAT. — Le Maroc jouit, en raison même

de sa position, d'un climat plus doux que celui de l'Algérie : « Les hivers, dit Chénier, n'y
sont point rigoureux ; le thermomètre, dans
les plus grands froids, ne baisse guère qu'à
cinq degrés au-dessus de la glace, et, dans
une longue résidence, je ne l'ai jamais vu plus
bas que deux degrés et demi. » — Mais autant
la température est douce sur les côtes, autant
elle est excessive et variable dans l'intérieur,
surtout dans les régions voisines de l'Atlas.

Cependant, le climat est généralement sain.
Depuis le mois de mars jusqu'au mois de septembre, le ciel est presque toujours serein ; et
même pendant la saison des pluies, c'est-à-
dire depuis le mois de septembre jusqu'au
mois de mars, il y a rarement des jours où le
soleil ne se montre par intervalle. Lorsque la
saison des pluies se prolonge, elle amène quelquefois des fièvres contagieuses (1).

PRODUCTIONS. — Les productions sont à peu
près les mêmes que celles de l'Algérie. Les habitants des plaines ne cultivent guère que le
froment et l'orge ; autour des villes on cultive

(1) Jackson, *An account of the empire of Maroc.*

quelques légumes et des arbres fruitiers. Au dire de M. F. Hoefer, le terroir est en général très-fertile, léger et sablonneux sur la côte occidentale; à l'intérieur, il est plus productif encore.

« On brûle tous les ans, avant les pluies de septembre, les chaumes, que l'on laisse assez longs; cette préparation et les excréments des bestiaux sont le seul engrais que la terre reçoive; elle exige peu de travail, et le labour se réduit à la gratter si superficiellement, que le soc de la charrue pénètre à peine à six pouces de profondeur; aussi voit-on que dans certaines provinces on se sert de socs de bois. Au rapport de Chénier, le blé rend souvent soixante pour un; quand il ne rend que trente, c'est une récolte médiocre.

» On laisse venir en pleine terre les orangers et les citronniers; les vignes, qui produisent de très-bons raisins, sont plantées presque vers le 33e degré; elles sont élevées, en forme de treilles, à deux mètres environ au-dessus du sol.

» Les figues sont excellentes dans une partie de l'empire; mais, à mesure qu'on approche du sud, à peine sont-elles mûres qu'elles

2

se corrompent. Il en est de même des melons. Les oliviers abondent sur presque tout le littoral, mais plus particulièrement au sud ; les plantations en sont alignées et forment de splendides allées ; on a soin de les arroser.

» Sur le versant méridional de l'Atlas, on trouve des forêts d'arganiers : c'est un arbre épineux, d'une forme irrégulière, qui produit une espèce d'amande très-dure couverte d'une écorce astringente comme celle des noix : son fruit consiste en deux amandes âpres et amères, d'où l'on extrait une huile précieuse pour la friture. Les dattiers croissent en abondance, mais les dattes ne mûrissent que difficilement ; les meilleures sont celles qu'on récolte dans les provinces de Sous et de Tafilet. Du côté de Salé, il y a des forêts de chênes qui produisent des glands doux (*quercus balotta*) de près de deux pouces de long ; ils ont le goût des châtaignes, et on les mange crus ou cuits : les Espagols en sont très-friands. »

Les lignes suivantes, empruntées à M. P. Christian, compléteront ce tableau : « Le climat du Maroc, semblable à celui du midi de l'Espagne, est tempéré, à l'est, par le voisinage de hautes montagnes, dont les cours

d'eau fécondent ses plaines et ses vallées ; au
nord et à l'ouest, par deux mers dont les brises
régulières adoucissent les chaleurs de l'été. La
terre y peut fournir trois récoltes dans l'an ;
les fruits à écorce y viennent en plein champ ;
tous les arbres de l'Europe y atteignent des
proportions admirables. La canne à sucre, que
nous n'avons pas encore réussi à implanter sur
le sol algérien, se cultive avec succès dans les
régions méridionales. Les chênes, les liéges,
les cyprès, les gommiers, les lentisques, les
cèdres, les arbousiers, forment sur les montagnes des forêts prodigieuses ; — le mûrier, le
citronnier, l'oranger, l'acacia, le dattier, l'olivier, l'amandier, le grenadier, le micocoulier,
le thuya, couvrent les vallées ; — l'orge, le
froment, le maïs, l'avoine, le millet, les fèves,
se disputent la plaine ; — le tabac, le coton,
la vigne, prospèrent dans toute son étendue...
D'autres denrées d'exportation y abondent,
telles que les cires, l'huile d'olive et le sel....
Malheureusement les Maures ne cultivent leurs
terres qu'en raison de leurs besoins les plus rigoureux, et les deux tiers au moins du Maroc
sont en friche!... »

FLORE. — La flore du Maroc est encore à faire. Parmi les plantes les plus utiles et les plus communes, Jackson mentionne :

1° Le figuier d'Inde, très-répandu dans toute l'Afrique septentrionale : son fruit est très-rafraîchissant.

2° Le figuier, l'amandier, l'olivier communs.

3° *El rassul, tizrah, snobahr,* plantes dont on se sert pour tanner le cuir.

4° Le *thuya,* arbre à résine.

5° Le chanvre (*hachiche*) dont les habitants emploient les feuilles en guise de tabac.

6° Le lotus aquatique (nénuphar) ; le jujubier, qui abonde à l'est du Maroc.

7° Le *melokni* auquel les médecins arabes attribuent des propriétés fébrifuges.

8° Coloquinte.

9° Le *surnay* qui croit sur les penchants de l'Atlas et passe pour aphrodisiaque.

10° Le *terfez,* semblable à la patate, et dont les racines portent des tubercules amylacés de la grosseur d'une orange.

11° Le *bubon gummiferum,* ombellifère qui fournit la gomme ammoniaque, etc.

Dans les montagnes de l'Atlas on trouve le

cèdre du Liban, le pin, le chêne à glands doux, le chêne-liége, dont l'écorce est l'objet d'un commerce d'exportation. — Dans les parties méridionales, le palmier-dattier fournit aux habitants leur principal moyen de subsistance. On y trouve également, et en abondance, la *chamærops humilis* (*doume* des Arabes), dont l'écorce flexible est travaillée par des indigènes, et dont le fruit astringent tempère les effets des fruits aqueux.

FAUNE. — Parmi les carnassiers sauvages on remarque le lion, le tigre, l'hyène, l'ours, le chacal et le renard. Les autres animaux que mentionnent les voyageurs sont : différentes espèces d'antilopes, entre autres la gazelle; le sanglier, le rhinocéros; différentes espèces de singes, le caméléon, des serpents très-venimeux et les sauterelles. Suivant Chénier, ces insectes viennent des contrées méridionales; ils envahissent les campagnes et s'y multiplient à l'infini lorsque les pluies du printemps ne sont pas assez abondantes pour détruire les germes qu'ils déposent dans le sol. Les grandes sauterelles ne sont pas celles qui font le plus de dégâts : en volant elles cèdent à l'impulsion du vent, qui les précipite dans la mer ou dans des déserts sablonneux où elles périssent. Les jeunes sauterelles, qui ne peuvent pas voler, sont les plus malfaisantes ; elles sont de la grosseur d'un tuyau de plume d'oie ; en rampant elles ne laissent pas un brin d'herbe sur leurs traces, et le bruit qu'elles font en la dévorant annonce au loin leur arrivée. Les Marocains se nourrissent volontiers de ces insectes : on en vend, paraît-il, des quantités prodigieuses salées ou fumées comme les harengs. Elles ont un goût huileux et rance fort goûté des gens du pays.

Les animaux domestiques sont les mêmes que ceux de l'Algérie.

POPULATION. — Le Maroc est habité par des populations parfaitement distinctes.

1° Les Berbères, qui se divisent en *Amazirgues* et *Schelloks ;*

2° Les Maures ;

3° Les Arabes ;

4° Les Juifs. — Les Berbères forment presque la moitié de la population de l'empire.

Les Amazirgues sont répandus depuis le Rif et la région de l'Atlas jusqu'au Tafilet.

« Tous les voyageurs nous les dépeignent comme un peuple robuste, fier, guerrier, astucieux, et extrêmement jaloux de son indé-pendance. Retirés dans des lieux inaccessibles, ils vivent principalement de l'élève des bes-tiaux et des abeilles. Comme les Troglodytes, ils habitent des cavernes creusées aux flancs de leurs montagnes. Infatigables à la course, ils aiment passionnément la chasse (1). » Les plus cruels et les plus fanatiques d'entre eux sont les Riffains, dont les villages sont dissé-minés sur les falaises qui dominent le rivage. Du haut de ces hauteurs, ils regardent à l'ho-rizon : dès qu'ils aperçoivent au large un navire marchand pris de calme, ils arment quelques barques et se lancent à sa poursuite. Arrivés à portée de fusil, il ouvrent le feu, montent à l'abordage, puis remorquent le na-vire qu'ils détruisent, après s'être partagé la cargaison. Même sort est réservé aux bateaux que la tempête jette sur la côte. Quant aux équipages, ils sont ou massacrés, ou conduits dans l'intérieur, où ils sont vendus à l'encan. — Au mois d'août 1856, le prince Adalbert de

(1) *Univers pittoresque.*

Bavière, grand amiral de la flotte prussienne,
fut attaqué par les Riffains, et grièvement
blessé, comme il s'approchait du rivage. La
Prusse en est encore à les châtier.

Les Schellocks, d'après Léon l'Africain (1),
sont des hommes terribles et robustes, qui
méprisent le froid et la neige. Ce sont les plus
grands voleurs et assassins du monde. Toutefois, ils sont braves, et en guerre ne se rendent jamais vivants. Ils vont au combat à
pied, armés de l'épée et du poignard, et on
ne réussit à les vaincre qu'à force de cavalerie. » Les Schellocks habitent les chaînes méridionales de l'Atlas ; ils possèdent de riches
vallées, de vastes pâturages, des montagnes
boisées et hérissées d'aspérités. Du fond de
leurs retraites, ils perpétuent l'ancienne lutte
entre la race autochthone et la race conqué-
rante et n'obéissent que difficilement à l'em-

(1) Géographe arabe, né à Grenade à la fin du xvᵉ siècle. Après avoir parcouru l'Afrique septentrionale, il fut
pris par des corsaires chrétiens, et présenté au pape
Léon X, qui le fit baptiser. Il publia, bientôt après, une
description de l'Afrique. Cet ouvrage, écrit d'abord en
arabe, puis en italien, traduit en langue latine par Florius,
puis en français (1556), fait encore autorité.

pereur. Pendant les fréquentes révoltes qui désolent l'empire, ils accourent dans la plaine, dévastent les champs, pillent ou rançonnent les villes arabes, puis disparaissent brusquement dès que l'ordre est rétabli.

Les Maures forment la population la plus riche des villes et occupent les premiers emplois du gouvernement. Ils ont, au suprême degré, les vices des Carthaginois, dont ils descendent : l'avarice et la perfidie. Les Maures n'ont rien de grand, dit M. Didier : lâches, pusillanimes, humbles avec les forts, insolents avec les faibles, ils ne connaissent ni le désintéressement, ni la générosité ; ils ignorent les plaisirs de l'intelligence, et vivent plongés dans les fanges d'une volupté brutale. Dignes fils de leurs ancêtres, ils n'ont d'autre ambition que celle des richesses : ils les recherchent par toutes les voies, et, quand ils les ont acquises, leur plus grand soin est de les cacher.

Les Maures, dans leur jeunesse, ont généralement la taille svelte ; mais, avec l'âge, ils prennent de l'embonpoint et deviennent obèses, grâce à leur vie indolente et oisive. Parmi la classe la plus pauvre, il est d'usage de raser de très-près la tête des jeunes garçons, et de la laisser constamment exposée au soleil et à la pluie. Les crânes des Maures acquièrent ainsi une épaisseur extraordinaire. « J'ai souvent entendu, dit M. Drummond-Hay, résonner sur des crânes maures des coups qui auraient infailliblement fracturé la tête d'un porteur de chapeau, et pour la bagatelle d'un felon (liard), il n'est pas de polisson, à Tanger, qui ne s'offre avec empressement à rompre sur son crâne nu une brique bien cuite, et qui n'en vienne à bout avec plus de facilité que je n'en aurais à casser un biscuit sur la mienne (1). » — Les Maures sont bigots, fanatiques et superstitieux à l'excès.

Les Arabes sont essentiellement pasteurs : ils vivent sous la tente et vont chercher, après la récolte, une terre féconde et de gras pâturages. Ils échappent ainsi au despotisme de l'empereur ; néanmoins, ils paient l'impôt territorial et sont tenus de fournir aux troupes qui passent dans le voisinage de leurs douars le blé, le beurre, le miel et la viande; ils sont généralement braves et hospitaliers; c'est ainsi

(1) *Le Maroc et ses tribus.*

que dans chaque village ils dressent une tente vide, spécialement destinée aux voyageurs.

Les Juifs sont nombreux : on évalue leur population à 450,000 âmes. Leur situation est véritablement intolérable ; il n'est point de pays au monde où ils soient plus maltraités que dans l'empire des Chérifs. La nomenclature des avanies qu'ils ont à subir serait trop longue à dresser ; il nous suffira d'esquisser à grands traits le tableau de leurs misères.

Les Juifs sont parqués hors de la ville, comme un bétail immonde ; tous, depuis l'enfant au berceau jusqu'au vieillard, paient un droit de capitation fixé à huit francs par personne. Les riches paient pour les pauvres. On leur accorde huit jours pour acquitter l'impôt. Ce délai passé, le quartier qu'ils habitent (le Mellah) est mis au pillage.

En dehors du Mellah, ils ne peuvent ni cultiver ni posséder d'immeubles ; défense leur est faite de monter à cheval en ville ou en vue d'une ville ; une ordonnance spéciale et rigoureusement observée règle la forme et la couleur de leurs vêtements. Lorsqu'ils passent devant une mosquée, devant le tombeau d'un marabout ou devant la demeure de certains personnages, ils sont tenus de quitter leurs chaussures et de marcher pieds nus; ils ne peuvent se marier sans l'autorisation du gouvernement, et l'impôt qu'ils paient à cette occasion est proportionné à la fortune des conjoints. Leurs morts sont enterrés sans pompe: on les porte *en courant* au cimetière; et si les porteurs rencontrent sur leur passage le convoi d'un Arabe, il leur faut aussitôt changer d'itinéraire pour éviter une profanation.

Ainsi vivent les Juifs : rançonnés, battus, conspués à toute heure et par tous, mais opposant au mépris dont on les accable une indifférence stoïque, souriant à l'injure, courbant l'échine sous la trique du Maure, mais rusant avec la police, amassant dans l'ombre et sans bruit des épargnes que l'usure renouvelle et centuple; valets des Musulmans, qu'ils craignent, banquiers des chrétiens, qu'ils escroquent. — Par un phénomène qui ne s'explique, dit M. Didier (1), que par la différence des occupations, « les femmes juives ont échappé à la dégénération physique dont les hommes

(1) *Promenades au Maroc.*

sont frappés. On ne saurait voir nulle part des têtes plus parfaites, plus idéales. La beauté des Juives a un cachet original qui ne se retrouve en aucun lieu : c'est l'éclat oriental uni à la finesse européenne, le point où les deux types se rencontrent et se confondent. La délicatesse des traits est surtout remarquable, et la coupe du visage, sans être ni la coupe grecque ni la coupe romaine, participe de l'une et de l'autre : elle est moins pure que la première, elle est plus gracieuse que la seconde. Toutes ont de beaux yeux noirs pleins de flammes et la peau très-blanche. »

Tels sont les peuples qui habitent le Maroc. — Nous avons dépeint en quelques mots le caractère de chacun d'eux ; cette étude serait cependant incomplète si, dans le tableau des nationalités arabes, nous omettions les Touareug, pillards nomades qui habitent le désert, et sont les véritables pirates de cet océan de sables. Jalonnés dans le désert, les uns au nord, les uns au centre, d'autres au sud, ils gardent les portes du Sahara et celles du Soudan, et prélèvent sur les caravanes un impôt

onéreux. Si quelqu'une passe en contrebande,
elle est impitoyablement pillée.

A corsaire, corsaire et demi : les Touareug
se divisent en tribus qui, toutes, ont leur caractère propre, et se font entre elles une guerre
continuelle. — *Ab uno disce omnes;* voici qui
les peindra :

Les Soukemaren sont en état d'hostilité
permanente avec les Berbères des montagnes
de l'ouest; si le hasard les conduit au même
puits dans leurs chasses vagabondes, il est
rare que les armes ne soient pas tirées, et les
combats antérieurs ont alors d'atroces représailles.

Un chef, nommé Chikh-Badda, et sept ou
huit de ses amis, montés sur leurs meilleurs
chameaux et suivis de leurs slouguis (lévriers),
étaient à la chasse. Sortis pour une course
qui ne devait durer que quelques heures,
ils s'étaient laissés entraîner par d'heureuses
rencontres, et, depuis six jours, ils battaient
les ravins et les plaines de l'Ouest, se désal-
térant aux puits communs, et vivant de leur
gibier. Un matin, qu'ils avaient levé douze ou
quinze gazelles, chacun s'en choisit une, lança
sur elle son slougui, et la courut où Dieu vou-

lait qu'elle allât. En un instant, tous disparu-
rent dans l'espace, imprudemment éparpillés,
et séparés les uns des autres par les sinuosités
du terrain.

Vingt cavaliers des Aït-Dezdegue chassaient
eux-mêmes dans les dernières ramifications du
Djebel-Mouydir, et le malheur emporta Chikh-
Badda sur leur passage. En un instant il fut
entouré.

— Où sont tes troupeaux ? lui demanda le
chef des Berbères?

— Mes troupeaux sont autour de ma tente,
à deux journées d'ici, dans la montagne.

— Et tes compagnons ?

— Je suis seul avec ma tête.

— Tu mens, chien, mais le bâton fera parler ta langue : descends de ton chameau.

— Je ne suis point un menteur, je suis seul
avec ma tête, répondit le généreux Chikh, car
il ne voulait point livrer ses amis au danger.
Et, sans que son calme visage trahît son âme,
il fit accroupir son chameau et en descendit.
— Me connais-tu? demanda-t-il ensuite au
Berbère?

— Tu es un chien des Soukemaren et notre
ennemi ; c'est tout ce que je veux savoir.

— Ce que tu ne sais pas, c'est que je ne suis point de ceux que l'on bâtonne. As-tu entendu parler de Chikh–Badda ? Tue–le, car il est dans ta main, mais ne le traite pas comme un esclave.

— C'est toi, maudit, qui, l'été dernier, nous as fait tuer cinq hommes à Bil-er-Arib (1) ; que leur sang retombe sur ta tête !

— Un instant, seigneur, dit un des cavaliers en relevant précipitamment l'arme de son chef, appuyée déjà sur la poitrine du vieux Touareug ; ne vaudrait-il pas mieux retenir cet homme avec nous et imposer sa tête, plutôt que d'émouvoir par sa mort la vengeance de sa tribu ?

Cet avis, approuvé par les uns, débattu par les autres, fit hésiter un moment le chef de la bande.

— Les Aït-Dezdegue sont assez forts pour ne point craindre les Soukemaren ! s'écria-t-il enfin. Et, d'un coup de fusil, il étendit Chikh-Badda sur le sable.

Les amis du malheureux Chikh le cherchè-

---

(1) Le puits des Azibs. La tribu campe au sud du désert marocain.

rent et l'appelèrent vainement ce jour-là et le lendemain ; quand ils revinrent à sa tente, son slougui, depuis longtemps déjà, y avait apporté l'inquiétude.

Le dernier espoir était que le chien aurait perdu son maître, et que le maître se serait égaré.

Toute la jeunesse en armes, guidée par les six chasseurs, se mit en quête dans la plaine et dans les broussailles, et le corps de Chikh-Badda fut retrouvé à l'endroit où il avait été tué. Les hyènes et les chacals l'avaient à moitié rongé, mais on le reconnut à sa barbe blanche, car les Berbères ne coupent point la tête aux morts. Les traces des chameaux, dirigées vers l'ouest, indiquaient assez quels étaient les meurtriers.

Un mois après, à force de recherches, le fils de Chikh-Badda connut tous les détails de cette scène et quel était celui qui avait tué son père.

« Tu as trouvé dans la plaine, lui écrivit-il, un Chikh à la barbe blanche, qui ne songeait qu'à la chasse et qui n'était pas armé en guerre ; pourquoi l'as-tu tué ? Celui qui chez nous n'est pas trouvé l'arme à la main ne doit point mourir; mais, puisque tu as oublié tous les usages de nos ancêtres, je serai plus noble que toi : je t'en préviens, si grand que soit ton ventre, toi vivant, je le remplirai de pierres. Je l'ai juré par le péché de ma femme. »

Le courrier qui porta cette lettre au chef des Aït-Dezdegue put donner une indication précise du lieu de campement de la tribu, et le fils de Badda partit aussitôt avec trente cavaliers, vêtus comme les femmes des Berbères et montés sur leurs meilleurs chameaux. Arrivés à une certaine distance du douar, ils firent coucher leurs montures dans un ravin, se dispersèrent dans un petit espace, et, courbés en terre, comme des femmes qui ramassent de l'herbe et du bois, ils s'avancèrent lentement vers la tente isolée de l'assassin ; leur déguisement était si fidèle, qu'il leur cria lui-même plusieurs fois : « Hé! les femmes, ne coupez donc pas l'herbe si près de mes chameaux ! »

Peu à peu les fausses travailleuses l'entourèrent, et, à un signal donné, se jetèrent sur lui. L'heure était bonne ; presque tous les hommes du douar étaient à leurs travaux, et, avant que les cris de guerre les eussent rappelés, leur chef était bâillonné, attaché comme un sac sur un mahari, derrière un Soukema-ren, et emporté dans la direction du Djebel-Mouydir.

La nuit venue, on fit une halte de quelques heures ; et, quand la lune se leva, on reprit la route pour ne plus s'arrêter qu'à l'endroit même où Chikh-Badda était enterré. Le pri-sonnier fut alors mis à terre, couché sur le dos, les jambes et les bras attachés à quatre piquets ; on lui fit avaler ensuite une eau dans laquelle avait bouilli du Sikhrane, et cette boisson l'endormit si profondément, qu'on put, sans l'éveiller, lui fendre le ventre avec un couteau, le remplir de cailloux, et le recou-dre avec une aiguille à raccommoder les outres.

La douleur enfin l'éveilla ; il se tordait comme un serpent à qui on a cassé les reins.

— Je t'ai rempli le ventre, ainsi que je te l'avais promis, lui dit le fils de Chikh-Badda ; va-t-en maintenant si tu veux. Mes servi-teurs, détachez-le.

« Le malheureux, dit M. Daumas à qui nous empruntons cette dramatique histoire (1), le

(1) *Mœurs et coutumes de l'Algérie*, 1855.

malheureux eut la force de s'en aller assez
loin pour qu'on le perdît de vue; mais on
le retrouva le lendemain, mort auprès d'un
buisson. Il avait eu le courage de couper la
lanière de cuir dont on avait cousu son ventre, ainsi que l'attestaient son couteau san-
glant, ses mains ensanglantées et ses entrailles
répandues sur les deux lèvres de la plaie
béante. »

VILLES PRINCIPALES. — La plupart des auteurs qui ont écrit sur le Maroc diffèrent entre
eux sur le chiffre de la population. Les uns la
réduisent à six millions d'habitants; les autres l'élèvent à quatorze millions. M. Grae-
berg de Hemsoe, qui a exploré l'empire en
1833, évalue la population marocaine à
8,500,000 habitants, répartis de la manière
suivante sur une superficie de 24,379 lieues
carrées (1).

	habitants.	l. c.
Province de Fez............	3,200,000	3,853
— de Maroc..........	3,600,000	5,709
— de Tafilet..........	700,000	3,184
— de Darat, de Sous, etc.	1,000,000	5,633

(1) *Specchio di Maroco,* 1834.

Ces chiffres donnent environ 249 individus par lieue carrée.

Le même écrivain divise comme il suit cette population entre les diverses races répandues sur toute l'étendue du territoire :

Berbères	2,300,000
Schellaks	1,450,000
Arabes	4,290,000
Israélites	333,500
Noirs	120,000
Européens chrétiens	300
Européens renégats	200

Mais ce sont des chiffres qu'on ne doit accepter que sous bénéfice d'inventaire, car nos connaissances concernant la division politique de l'empire sont fort incomplètes. Aussi, sans entrer plus avant dans la description des provinces, nous allons indiquer les principales villes. Et d'abord, pour la province de Fez, nous consulterons M. Hoefer.

Fès ou Fez (à 34° latitude nord et 7°18' longitude occidentale de Paris) est une des plus anciennes villes de l'empire du Maroc (1). C'est

(1) Le nom de *Fès*, qu'on écrit indifféremment *Fás* et

la ville sainte de l'empire, et l'une des trois
résidences du sultan. L'époque de sa fondation remonte vers l'an 800 de J. C. Edris-
ben-Edris passe pour le fondateur de cette
ville.

La ville de Fez est située dans une sorte d'en-
tonnoir formé par des montagnes bien boisées, d'où descendent plusieurs ruisseaux qui
arrosent la campagne et fournissent une très-
bonne eau. Sa population a été diversement
évaluée; Ali-Bey la porte à 100,000 âmes,
d'autres à 80,000. M. Renou, tenant compte
des exagérations, ne l'estime que de 30 à
40,000 habitants. Cette ville paraît avoir été
plus peuplée au xvie siècle qu'elle ne l'est aujourd'hui ; car, selon Nicolas Clénard, elle contenait en 1540 environ 40,000 familles, sans
compter 4,000 juifs. La ville est entourée
d'une vaste enceinte de murailles fort dégra-
dées. Dans cette enceinte sont compris le Nou-

Fez, signifie en arabe une *pioche.* Suivant Léon l'Africain,
Fes signifie *or.* Ebn-Saïd rapporte, d'après El-Hedjàzi,
qu'en creusant la terre pour jeter les fondements de la
nouvelle ville, on trouva une hache de fer (*fâs*), dans le
lieu où l'on creusait. *Voy.* Aboulfeda, *Description des pays
du Maghreb,* trad. par Solvet, p. 53 (Alger, 1839, in-8°).

veau-Fez (Fâs-Djedid) et plusieurs grands jardins. Sur deux hauteurs à l'est et à l'ouest on
voit deux châteaux forts très-vieux ; ils con-
sistent en un simple carré de murs d'une ving-
taine de mètres de face. Ces espèces de forteresses communiquent, dit-on, avec la ville
par des mines souterraines; on y place des
canons avec quelques soldats toutes les fois
que le peuple se révolte contre le sultan. La
ville passe pour très-facile à prendre. Ses rues
sont étroites, tortueuses, obscures et non pavées. « Pendant les pluies, dit Ali-Bey, on ne
peut marcher dans les rues sans avoir de la
boue jusqu'aux genoux. Cependant, lorsqu'il
ne pleut pas, elles sont assez propres, parce
qu'on a soin de ne pas y laisser d'immondices ; mais leur aspect est toujours aussi désagréable que dans les autres villes de l'Afrique. »
Caillé nous apprend tout le contraire : « Les
rues de Fez, dit-il, sont de la plus grande mal-
propreté ; j'y ai vu dans quelques endroits des
chiens et des chats morts depuis longtemps,
qui exhalaient une odeur infecte. »

Les maisons sont assez élevées et construites en briques; elles ont, au premier étage,
une saillie qui contribue beaucoup à l'obscur-

cissement des rues. Cet inconvénient est augmenté par des espèces de galeries qui réunis-
sent des deux côtés la partie supérieure des
maisons, ainsi que par des murailles élevées
de distance en distance et percées sous forme
d'arceaux. Ces arceaux se ferment pendant la
nuit, de manière que la ville se trouve divisée
en plusieurs quartiers, qui ne peuvent nulle-
ment communiquer les uns avec les autres.
Chaque maison se compose d'une cour entourée de colonnes qui soutiennent des arcades, et
qui forment deux corridors en bas et en haut ;
c'est par ces corridors qu'on entre dans les
chambres attenantes, qui, ordinairement, ne
reçoivent le jour que par la porte, à laquelle
on a soin de donner beaucoup d'ouverture.
Ces chambres sont très-longues et très-étroites ;
le plafond, fait de planches, est extrêmement
haut, sans aucun ornement dans les maisons
ordinaires. Dans quelques autres, les plafonds,
les portes de chambres et les arcades de la
cour sont ornés d'arabesques en relief, peints
en toutes sortes de couleurs, même en or et en
argent. Le sol de toutes les pièces et celui de
la cour est en briques, et dans les maisons riches, en carreaux de faïence ou de marbre,

formant des dessins variés. Les escaliers sont
tous étroits et les marches hautes. Les toits
sont couverts de terre glaise à la hauteur de
plus d'un pied ; cette lourde charge écrase les
murs sans les garantir des pluies, et donne
bientôt à toute la bâtisse un aspect de ruine ou
de dégradation.

Fez renferme une multitude de mosquées.
La principale s'appelle *El-Karoubir* : la plus
vénérée est celle de Mouley-Edris, fondateur
de Fez ; elle est située au centre et dans la
partie la plus basse de la ville. C'est le sanctuaire le plus respecté de l'empire. Tout cri-
minel y est en sûreté : personne n'oserait l'y
arrêter.

Le palais du sultan se compose d'un grand
nombre de cours, les unes à demi-construites,
les autres à demi-ruinées; elles servent d'entrée aux appartements intérieurs, qui n'ont
encore été visités par aucun européen. — Au
milieu de l'une des cours se trouve une mai-
sonnette en bois; c'est là que le sultan reçoit
les personnes qui ont obtenu la permission de
lui être présentées, et qui ne franchissent jamais la porte : les favoris seuls y entrent.

La rivière de Fez traverse le palais, qui est

situé dans l'un des faubourgs. En entrant
dans la ville elle se divise en deux bras, qui
fournissent des fontaines à presque toutes les
maisons, et alimentent un grand nombre de
moulins. Léon l'Africain parle déjà de ces
moulins à eau : « Devant cette cité (Fez) il y
a, dit-il, près de quatre cents moulins, c'est
à savoir les lieux auxquels sont les moules,
car autrement il en pourrait y avoir un mil-
lier, pour ce qu'ils sont faits en manière d'une
grande salle soutenue par des colonnes, et
dans aucuns endroits il y aura quatre, cinq et
six moules, tant qu'une partie du territoire
vient moudre dans la cité, où il y a certains
marchands qu'on appelle fariniers, qui arrê-
tent les moulins où ils font moudre le bled
qu'ils achètent, puis vendent la farine dans
des boutiques qu'ils tiennent à louage, et de
cecy en retirent un grand profit. Car tous les
artisans qui n'ont pas la puissance de faire
leur provision de bled achètent la farine en
ces boutiques, puis font faire leur pain en
leur maison. Mais ceux qui ont bien le moyen
achètent le bled qu'ils font moudre aux moulins, estant dépêché pour les citoyens ; et
payent un grand blanc pour faire moudre le

setier. La plus grande partie de ces moulins dépend des temples et colléges, de sorte qu'li se trouve peu de citoyens qui en ayent, et est grand le louage comme de deux ducats pour moule. »

Les différents métiers se divisent par classes dans des rues séparées; le quartier où se trouvent les magasins de draperie, de soierie, s'appelle *El-Caïsaria*. Ce quartier, ainsi que beaucoup d'autres rues, présente des galeries qu'on pourrait comparer aux galeries du Palais-Royal à Paris. Caillé rapporte que pour la sûreté des boutiques on lâche toutes les nuits des chiens dans les rues. « Ces animaux, dressés exprès, font leur service avec une telle ardeur que si des hommes couchés à proximité ne les surveillaient pas, ils dévoreraient les passants que le hasard ou quelque affaire conduirait vers le lieu confié à leur garde. »

Fez renferme un grand nombre de bains publics.

Les fabriques de Fez fournissent des haïks en laine, des ceintures, des mouchoirs de soie, des pantoufles ou babouches en cuir parfaitement tanné, des bonnets rouges connus sous le nom de *fez,* de la toile de lin, d'ex-

cellents tapis, de la mauvaise faïence, des
armes, des objets de sellerie, et des ustensiles
en cuivre. Il y a aussi des orfèvres, des bijou-
tiers, etc. ; mais on craint de faire paraître
trop de luxe, les arts manquent d'encourage-
ment, et restent infiniment au-dessous de
ceux d'Europe, excepté dans la préparation
des cuirs, des tapis et des haïks, que les ou-
vriers savent faire aussi fins et aussi transpa-
rents qu'une gaze.

Fez possède un hôpital richement doté et
particulièrement destiné au traitement des
aliénés. Ce qu'il y a de singulier, c'est qu'une
partie des fonds a été léguée dans le but de
soigner et d'enterrer dans le même hôpital les
grues ou les cigognes malades ou mortes. On
croit que les cigognes sont des hommes de
quelques îles lointaines qui, à une certaine
époque de l'année, prennent la forme d'oiseaux pour venir dans ce pays; qu'à un moment donné ils retournent chez eux, et rede-
viennent hommes jusqu'à l'année suivante.
C'est pourquoi on regarde comme un crime
de tuer ces oiseaux, au sujet desquels on fait
mille contes absurdes.

La ville contient un très-grand nombre d'é-

coles ; elle est le siége de l'université marocaine, des sciences et des lettres.

Sur la côte méditerranéenne, et au nord de
l'empire, nous trouvons :

CEUTA, place forte, bâtie sur une presqu'île,
au nord-est de Tanger, à l'extrémité orientale
du détroit de Gibraltar ; 6,500 habitants. —
Tour à tour romaine, vandale, gothe, arabe,
génoise, portugaise, Ceuta appartient actuellement aux Espagnols. Le Portugal, qui l'a
gardée deux siècles et demi, la regardait
comme une école de guerre, où ses jeunes
gens allaient apprendre à ferrailler contre les
infidèles. Le Camoens y fit son apprentissage
de soldat et perdit un œil dans une bataille
contre les Maures. Cédée à l'Espagne par un
article du traité de Lisbonne (1668), Ceuta est
le chef-lieu du gouvernement politique et militaire des présides. Le port est formé par une
petite presqu'île ; il est d'une profondeur médiocre.

A l'est de Ceuta est le mont Acho (autrefois
Abyla) qui, avec la montagne opposée du continent européen, Gibraltar (Calpé), formait les
fameuses colonnes d'Hercule, au-delà des—

quelles, disaient les anciens il n'y avait plus que ténèbres : *Nec plus ultrà*.

Tétuan (Titaouan), au sud du cap Negro, située à 6 kilomètres de la mer, sur le penchant d'une colline rocailleuse, est ceinte de murailles flanquées de tours carrées de distance en distance, et commandée par un château fort. Elle est séparée de la mer par une lande que traverse le fleuve Marsil : l'embouchure de ce fleuve est assez large pour recevoir des navires. C'est à Tétuan que s'approvisionne en grande partie la garnison de Gibraltar. — Population, 12,000 habitants.

Tétuan n'est habitée que par des Juifs et des Maures qui font un commerce assez considérable avec l'Espagne et l'Angleterre ; elle contient un grand nombre d'ateliers ds cordonnerie dont les produits sont estimés. Son territoire fournit en abondance des raisins et des oranges qu'on exporte. — Elle avait autrefois des consuls européens ; mais depuis que les consulats sont établis à Tanger, les puissances de l'Europe n'y sont plus représentées que par des agents israélites pour la plupart.

Le 26 novembre dernier (1859), Tétuan a été bombardée par les Français, qui avaient à venger une insulte faite à leur pavillon dans les circonstances suivantes :

L'amiral Romain Desfossés avait envoyé croiser au large quelques bâtiments de son escadre, mouillée à Algésiras; le vaisseau *le Saint-Louis* était du nombre. En revenant au mouillage, comme il passait devant l'entrée de la rivière de Tétuan, son pavillon déployé, *le Saint-Louis* fut canonné par l'artillerie marocaine. — Une insulte pareille méritait un châtiment immédiat et sévère; dès le lendemain (26 novembre), l'amiral appareilla lui-même les vaisseaux *la Bretagne, le Saint-Louis, la Foudre,* et *la Tisiphone*, se rendit devant le fort de Tétuan et ouvrit immédiatement le feu. Peu de temps après les Marocains abandonnèrent les forts.

MÉLILLA, prise sur les Maures en 1496 par le duc de Médina–Sidonia, appartient depuis cette époque à l'Espagne, qui en a fait un préside.

Entre la ville de Fez et la frontière occidentale de l'Algérie, se trouve :

Téza (*Taza*), point militaire important, sur la route de Fez à Ouchda, située sur un rocher. Abd-el-Kader l'avait choisie pour point stratégique. On a peu de documents sur cette ville de l'intérieur; mais voici la description qu'en a donnée Léon l'Africain :

« Téza, dit-il, est voisine de l'Atlas environ cinq milles, et distante de Fez de cinquante; elle peut avoir environ cinq mille feux, mais elle est pauvrement bâtie, hors les palais des nobles, temples et colléges, qui sont d'assez belle montre et bien édifiés. De la montagne d'Atlas provient un petit fleuve qui traverse la cité, entrant par le temple majeur; mais les montagnards parfois détournent son cours, quand ils ont quelque chose à démesler avec les habitants de la cité, ce qui porte grand dommage aux citoyens, à cause qu'ils ne sauroient faire moudre leur blé ni avoir bonne eau pour boire. Cette cité est la tierce (de l'empire) en civilité, honneur et dignité; il y a un temple qui surpasse en grandeur celui de Fez. Outre plusieurs gens de lettres qui se trouvent là, les habitants sont courageux et très-libéraux à comparaison de ceux de Fez, et riches, parce que leurs terres rapportent le

plus souvent trente pour un. Autour de cette
cité, il y a de grandes vallées, parmi lesquelles
s'écoulent divers fleuves, avec plusieurs beaux
jardins, où sont produits des fruits fort savou-
reux et en grande abondance. On voit encore
dans la cité une grande et grosse forteresse
(là où demeure le gouverneur de Fez), que les
rois ont coutume de bailler à leur second enfant. Mais certes ils la devraient retenir pour
eux-mêmes, et y colloquer le siége royal pour
la douceur de l'air bien tempéré tant yver
comme été, et aussi pour défendre leur pays
des Arabes du désert, lesquels s'y acheminent
tous les ans pour se fournir de vivres, et
apportent des dattes de Segelmesse pour les
troquer contre des grains. Les citoyens retirent une grande somme de deniers de leurs
grains, qu'ils délivrent pour bon prix à ces
Arabes, tellement que cette cité est fort bonne
pour les habitants, et n'y a autre incommo-
dité sinon qu'en temps d'yver elle est toujours
pleine de fange. »

A l'ouest :

TANGER (*Tandjer*). — Tanger est l'un des
ports de l'empire; la ville, située sur une

hauteur, est à 192 kil. N. de Fez, par 8° 8'
long. O. ; elle compte environ 17,000 habitants ; ville de commerce ; les seuls édifices de
quelque apparence sont les maisons des consuls d'Europe. Toutes les autres maisons sont
basses, irrégulières et toutes taillées sur le
même modèle. Ce sont de grands cubes blancs,
uniformes et sans croisées. Parmi les rues,
étroites, pleines de cailloux et d'immondices,
il n'y en a qu'une seule de passable : elle traverse toute la ville du haut en bas, et descend
vers les bords de la mer. Cette rue est coupée
en deux par une place, l'unique de Tanger,
et bordée dans sa partie supérieure de deux
rangs de boutiques. Ces boutiques sont des
espèces d'antres noirs, creusés dans le mur,
sans porte, avec une fenêtre à hauteur d'appui,
où la marchandise est étalée, et par laquelle
on sert le chaland, qui reste en dehors.

La campagne est pittoresque. Les jardins
des consuls, soigneusement cultivés, l'envi-
ronnent d'une ceinture d'arbres et de fleurs.
On y trouve en quantité les figuiers d'Inde.

Tanger fut successivement occupée par les
Romains et les Goths. Prise par les Arabes,
au commencement du huitième siècle, elle

tomba, en 1461, au pouvoir des Portugais.
Lors du mariage de la princesse Catherine
avec Charles II d'Angleterre (1662), Tanger
passa aux Anglais. Mais après une courte
occupation, ces derniers abandonnèrent la
place, qui resta depuis sous la domination de
l'empereur du Maroc.

Tanger fut bombardé par l'escadre du prince
de Joinville, le 6 août 1844. Les dégâts sont
aujourd'hui réparés.

Un officier de notre marine, explorateur
érudit et consciencieux, a donné sur cette ville
des détails que les circonstances présentes
rendent intéressants :

Les moyens de défense de Tanger sont, du
côté de la mer, deux batteries placées sur la
droite de la porte de mer, l'une de quinze
pièces de canon, l'autre plus élevée de onze;
celle-ci bat la mer en face; elle a un petit
flanc avec deux pièces qui défendent l'embar-
cadère et la porte de mer; la batterie basse bat
également en front le rivage de la mer. Il y a
encore douze pièces de canon, placées en
batterie, sur une des faces de la muraille de
mer, à une grande élévation au-dessus du sol.
Enfin, ce système de défense maritime est com-

plété par quatre autres batteries sur les collines
de sable qui s'élèvent près du rivage. Toutes
ces fortifications ont beaucoup souffert du
bombardement de 1844.

Du côté de la terre, la place n'a d'autre défense qu'un vieux mur à moitié ruiné, garni
de distance en distance de tours rondes et
carrées en assez bon état. Ce mur est bordé
d'un grand fossé à moitié comblé et envahi
dans certains endroits par des plantations
d'arbres et de jardins potagers.

Du côté du nord, l'enceinte de la ville se
réunit au mur du vieux château désigné sous
le nom d'El-Cassabah, situé sur une hauteur, et
dans lequel se trouvent un faubourg, une fort
belle mosquée et la maison de résidence du
gouverneur.

L'artillerie qui garnit les défenses de la
ville est dans le plus pitoyable état. Les canons, de fabrique européenne, sont de différents calibres. Les affûts qui les supportent,
construits dans le pays, sont si maladroite-
ment assemblés, que ceux des calibres de 24
et de 12 ne pourraient soutenir le feu pendant
un quart d'heure.

La population se divise en trois classes

principales : les Maures, les Juifs et les Nègres.

Les Juifs de Tanger vivent dans l'état d'es-
clavage le plus affreux : ils n'ont pas de quartier
séparé, comme dans toutes les autres villes
barbaresques, et cette circonstance est pour
eux une cause de vexations continuelles de la
part des autres classes de la population musul-
mane. Il n'est sorte d'humiliations qu'on ne
leur fasse endurer ; ils ne peuvent se montrer
en ville que sur des mulets ou sur des ânes;
ils sont obligés de descendre de leurs montures et de marcher nu-pieds en passant devant
les mosquées; enfin, dans toutes leurs con-
testations et leurs querelles avec les Maures,
ils sont toujours condamnés et battus, quelle
que soit la justice de leurs réclamations.
Aussi, pour se soustraire à cet état d'oppres-
sion, souvent intolérable, la plupart se font
attacher en qualité de domestiques aux consulats européens, qui seuls ont le pouvoir de
les protéger; toutefois, comme ils sont toujours
considérés comme les esclaves et la propriété
du sultan, il leur est interdit de quitter le
pays (1).

(1) Lacroix, *Algérie nouvelle*, octobre 1859.

Salé (*Slàa*). — Salé fut autrefois une ville florissante; aujourd'hui, elle est complétement déchue de son ancienne splendeur. Elle est située sur la rive septentrionale d'un fleuve formé par la jonction de deux rivières : El-Bouragray et El-Ghérou; ce fleuve reçoit le flux de la mer Atlantique. Le sol des environs est un sable rouge. Les corsaires de Salé étaient autrefois la terreur du commerce : le port est maintenant presque ensablé; population, 18,000 habitants.

Rabat (*Rbat*), est située sur la rive opposée du fleuve : elle est bâtie sur une hauteur. Le port est peu sûr; les habitants se livrent au négoce. On y trouve plusieurs familles d'origine espagnole ou portugaise. Population, 14,000 habitants.

Méquinez (*Mekness*). — C'est la capitale du nord, comme Maroc est la capitale du midi; elle est située sur le penchant d'une colline qui s'étend, au milieu des branches de l'Atlas, jusqu'à l'Océan. Elle est entourée de fossés et d'une triple muraille. La population est évaluée à 13,000 âmes. La ville, de forme ovale, a quinze portes et douze mosquées; le palais de l'empereur occupe avec ses dépendances un vaste emplacement. C'est à Méquinez que se trouve le trésor impérial. — Le quartier des Juifs est situé en dehors de la ville; il est environné de murs élevés, qu'on ferme la nuit.

MAZAGAN. — Cette ville située sur la côte atlantique, entre Rabat et Saffi, fut bâtie par les Portugais en 1506, sous le nom de Castillo-Real. Près de ses murs, du côté du nord, les très-petits navires peuvent s'abriter, mais les bâtiments d'un fort tonnage sont forcés de mouiller à deux lieues de la plage. Mazagan, tombée au pouvoir des Maures en 1769, est à peine habitée; ses maisons, mal construites, tombent en ruines. Il existe encore une citerne casematée, soutenue par vingt-quatre colonnes torses, et dans laquelle on descend par des escaliers de marbre. — Lorsque cette ville appartenait aux chrétiens, les Maures qui n'é-taient pas assez riches, ou que d'autres obstacles empêchaient d'accomplir le pélerinage de la Mecque, croyaient suppléer à cette dévotion en venant tirer, de loin, des coups de fusil sur les murs de Mazagan: Mais la mode en est passée.

Saffi (*Asfi*). — Cette ville appartint quelque temps aux Portugais, et fut le centre d'un commerce important ; mais depuis la fondation de Mogador, elle perdit peu à peu son importance. Saffi est au sud du cap Cantin, sur l'Océan. Des fortifications peu importantes protégent cette ville du côté de la mer. Les brisants qui occupent tout le rivage aux environs le rendent presque inabordable aux chaloupes et même aux canots ; mais les Maures ont, pour passer sur ces bancs, des pirogues à fond plat et très-élevées aux deux extrémités. Ils affrontent avec ces pirogues les plus grosses lames, qui élèvent quelquefois les petits bâtiments à dix ou douze pieds de haut, d'où ils retombent avec une rapidité effrayante. Mais ces pirogues ne peuvent pas toujours remonter assez haut sur le rivage pour que l'on puisse sauter à terre à pied sec. — Saffi possède une bonne rade, mais ses environs sont tristes et déserts ; la terre, privée d'eau, ne produit que de chétives broussailles. Un grand nombre de tombeaux de marabouts, situés à ses portes, lui avaient fait conférer le privilége des *villes saintes ;* les juifs n'y pouvaient entrer que pieds nus, et l'on ne souffrait pas que les chrétiens y parussent à cheval. M. Chévrier, notre consul général, fut le premier qui brisa cette honteuse exigence : en arrivant à Saffi, après le traité de 1767, il força le passage des portes l'épée à la main, déclarant que personne ne ferait mettre pied à terre au représentant de la France.

Dans la province du centre :

MAROC (*Mrâkech*) est à 240 kilomètres de la mer, sur la gauche du Tensif. Elle fut fondée en 1052 par les Almoravides, et parvint bientôt à une haute prospérité. Suivant les Maures, on y comptait un million d'habitants ; ce chiffre nous paraît singulièrement exagéré. Quoiqu'il en soit, la population de Maroc est à peine aujourd'hui de 30,000 âmes.

Ses murailles sont flanquées, de distance en distance, par de grosses tours, et environnées d'un large fossé. Elles embrassent une circonférence de 12 kilomètres. Les portes sont de grandes arcades, du haut desquelles tombent des herses de fer. Tous les soirs on les ferme à l'entrée de la nuit. Les rues sont, pour la plupart, étroites, tortueuses et mal pavées. Les maisons n'ont guère plus d'un étage, et peu ou point de fenêtres au dehors. Comme dans presque toutes les maisons musulmanes, les croisées donnent sur une cour intérieure.

La ville est divisée en trois parties : celle occupée par le palais impérial, la ville centrale et l'Al-Kaïseria ou grand marché : c'est là que se vendent tous les objets du commerce et de l'agriculture, et que se tiennent les marchands maures et juifs. Ces derniers occupent un quartier séparé, qui a aussi son enceinte particulière, de près de deux kilomètres de tour. La porte en est fermée pendant la nuit et les samedis et gardée par un kaïd.

Bien que Maroc ne soit plus que l'ombre d'elle-même, on y remarque encore le palais impérial et ses jardins, le bazar, trois mosquées, dont l'une, El-Katibin, est d'une architecture élégante et possède une tour de toute beauté. Le Sidi-bel-Abbas, hôpital pour 1,800 pauvres, estropiés, invalides et vieillards, et le Méchouar, ou place d'Audience.

Maroc est une des capitales de l'empire.

Mogador, ville moderne, située par 31° 32' 40" lat. N.; 11 ° 55' long. O. Paris. — Cette ville, que les Arabes du désert nomment *Souheirah,* et les Maures *Mogador,* ou plutôt *Mogadour,* du nom d'un saint personnage musulman dont le tombeau révéré existe encore à peu de distance au sud des remparts, n'était autrefois qu'un mauvais fort bâti par les Portugais pour relier les communications de leurs conquêtes sur la côte ouest du Maroc. Sidi-Mohammed la construisit, en 1760, pour y placer le centre du commerce maritime, à cinquante lieues de Maroc et à portée de sa surveillance. Il en fit une ville assez agréable, malgré sa position sur une presqu'île très-basse, battue de tous côtés par les vagues, et au milieu d'une mer de sables mouvants.

La population de Mogador était de 12,000 habitants avant sa destruction par l'escadre du prince de Joinville, le 15 août 1844. On ne comptait sur ce chiffre qu'une quinzaine d'Européens. C'était le port le plus actif du Maroc. Sa douane seule produisait au Chérif 1 million par an, tandis que Saffi ne rapporte que 50 à 60,000 fr., et tandis que Rabat et Salé, qui viennent après Mogador pour l'importance

commerciale, et qui ont à elles deux 50,000
habitants, ne fournissent qu'un revenu annuel
de 380 à 400,000 fr.

L'île seule s'appelle Mogador; la ville est
plus communément désignée sous le nom de
Souheïrat. Le port est fermé par un îlot au
sud–ouest du débarcadère. Les navires de commerce mouillent sur la côte orientale de l'îlot,
et c'est par le moyen de canots qu'ils communiquent du port à la ville. L'îlot a 1 kilomètre
de long et 600 mètres de large; il était armé
de quatre batteries maçonnées. La plus forte
partie des défenses de la ville battait le port et
le mouillage à 1,500 mètres.

Mogador n'avait pas encore essuyé une attaque par mer, mais les montagnards de l'Atlas
l'avaient deux fois assiégée. Les rues de la
ville, tracées par des ingénieurs européens, sont
presque toutes tirées au cordeau, mais si étroites, que deux chevaux pourraient à peine y
passer de front; quant aux maisons, elles ne
diffèrent en rien de toutes les constructions
arabes. Les fortifications ne pourraient soutenir un siége du côté de la terre, mais elles
étaient redoutables sur les fronts qui regardent
l'Océan au N.–O. et au S.–E. Sur tous ces

points s'étendait un rempart en lignes brisées, flanqué de tours et de batteries casematées, qui se reliait à la citadelle ou kasba. Les plus remarquables défenses étaient au débarcadère, placé à la pointe de la presqu'île, et séparé de la ville par une petite plage intérieure ; il était défendu par une enceinte en maçonnerie très-épaisse, flanquée d'une seconde en retour, et armée d'une nombreuse artillerie.

A 1,200 mètres au sud-ouest du débarcadère, s'élève l'îlot qui ferme le port ; son pourtour est très-escarpé. Dominant la ville et le débarcadère à une distance considérable, il était défendu par quatre batteries maçonnées, par des rochers et des bancs de sable qui ne laissent d'accès que par une plage étroite donnant sur la rade. Deux cents pièces de canon couvraient le développement de ce système de défense, que le prince de Joinville ruina en quelques heures (1).

SAINTE-CROIX (*Aghadir*). — Le port de Sainte-Croix est le dernier du Maroc, en descendant tout à fait au sud, jusqu'à la distance de

_____

(1) *Voy.* J. Christian, ouvrage déjà cité.

35 lieues de Mogador. Aghadir fut d'abord
une citadelle bâtie par don Manuel de Portugal (1507), et conquise par les Maures en 1536.
Ses remparts ont été détruits, en 1773, par
Sidi-Mohammed, qui craignait de la voir tom-
ber au pouvoir des Espagnols, tandis qu'il
irait faire le siége de Mélilla.

L'Oued-Souz et une plaine de sable séparent
son territoire du Beled-el-Nun, vaste contrée
qui n'a, jusqu'au cap Bojador, sur une longueur de 60 lieues, ni ports ni mouillages, et
que bordent, à l'ouest, des plages arides, dont
les abords sont des rescifs à fleur d'eau, déta-
chés de l'archipel des Canaries.

« Malheur, dit M. Christian, malheur aux
navires qui viennent échouer dans ces parages!
Le trépas dans les flots serait mille fois préfé-
rable au sort qui attend les naufragés! Devenus la proie de sauvages qui ont à peine des
traits humains, ils sont entraînés dans des so-
litudes inconnues, et troqués avec les caravanes de l'intérieur de l'Afrique contre des
bestiaux et du blé! »

Nous ne dirons rien des villes de l'intérieur
dont les noms figurent sur les cartes de géogra-
phie : nous manquons de documents, et il

nous paraît d'ailleurs que ces villes ont fort peu d'importance.

En relisant les relations des voyageurs qui ont parcouru l'empire du Maroc, nous avons eu plus d'une fois à regretter que ce pays soit fermé aux investigations des explorateurs et au commerce européen.

GOUVERNEMENT, ADMINISTRATION. — Sidi-Mohammed, l'empereur régnant, est né vers 1804. Il est fils de Muley-Abd-Er-Rhamann; sa mère, paraît-il, était anglaise. On le dit instruit, et plus religieux que fanatique. A la bataille d'Isly, il commandait les Marocains. Comme il regagnait la capitale, il fit vœu de laisser croître sa chevelure jusqu'au jour où il nous chasserait de la régence et entrerait, en vainqueur, dans Alger. — Il est permis de croire qu'il attendra longtemps.

Ainsi qu'il arrive à presque tous les changements de règne, plusieurs compétiteurs se sont disputé le trône que la mort d'Abd-Er-Rhamann laissait vacant. L'un d'eux, proche parent de Sidi-Mohammed, a réuni des troupes nombreuses et tient encore la campagne. Il revendique l'empire par des raisons tirées

des faits suivants : à la mort de son père, Abd
Er-Rhamann avait seize ans; son oncle, Muley-
Soliman s'empara du trône (1794). Abd–Er–
Rhamann, au lieu de susciter des troubles
pour reconquérir la couronne aida son oncle
dans le gouvernement du pays, fut nommé
au commandement de l'armée et se distingua
par son courage et son intelligence. Muley-
Soliman tomba gravement malade en 1822 ; se
sentant mourir, il institua pour son héritier
le prince qu'il avait dépossédé, et qu'il regardait comme étant plus capable qu'aucun
de ses quatre enfants de gouverner l'empire.
— Trois des fils de Muley-Soliman sont morts
pendant le règne de son successeur : c'est le
dernier survivant qui, à la mort d'Abd-Er–
Rhamann commença la lutte. — Peu à peu,
cependant, les villes du littoral et du centre
ont reconnu l'autorité de Sidi-Mohammed. En
attaquant les Espagnols, le nouvel empereur
s'est rendu populaire ; il a fait œuvre pie : la
nation toute entière le suivra.

Le personnel de la cour est assez restreint :
Le maître de la salle d'audience (*Moul-El-
Mechouar*), introduit les étrangers ;

Le maître du thé (*Moula-Taï*), déguste les boissons et les aliments;

Le maître du fusil (*Moul'm'kahala*), porte les armes à l'usage de l'empereur, dont le maître du parasol (*Moul-El-Mdol*) ombrage la tête;

Il y a encore le maître des écuries et le maître des pieux. Ce dernier se tient à la porte de la tente lorsque l'empereur est en voyage.

Toutes ces charges sont conférées aux familles les plus nobles et les plus dévouées à la famille impériale.

Après le sultan, vient le grand vizir qui a dans ses attributions spéciales tout ce qui concerne l'administration proprement dite du pays. Son pouvoir est des plus étendus : il embrasse tous les services.

Vient ensuite, mais dans un ordre inférieur, le ministre des affaires étrangères. Ce fonctionnaire réside à Tanger, reçoit les plaintes ou les réclamations des consuls et les transmet à l'empereur qui évite de la sorte toute communication avec « les chiens de chrétiens. » — Le ministre des affaires étran-

gères reçoit du trésor *neuf cents francs* par an.
Il en vole certainement plus de vingt mille.

Le Pacha gouverne la province : il a sous
ses ordres immédiats un Hakem, c'est-à-dire
un commandant de place chargé de recouvrer
les impôts et de les verser au trésor.

Le Kadi rend la justice. Ses fonctions sont
multiples : il est chargé du service du culte ;
il surveille les mosquées et leur personnel, les
notaires et l'administration des successions va-
cantes; il rend la justice en matière criminelle,
civile et commerciale.

Le Mahteceb (commissaire de police), a la
police des marchés, surveille les commerçants,
taxe le pain, la viande et les fruits, dresse les
procès-verbaux de contravention et punit les
délinquants. — Voilà pour les villes.

Dans les tribus, le commandement et l'administration sont dévolus à des Sckeicks nom-
més par les Pachas.

Tous les fonctionnaires, depuis le plus élevé
jusqu'au plus humble, volent à qui mieux

mieux. Le pacha rançonne le sckeick ou le kadi qui, à leur tour, rançonnent le peuple. C'est le brigandage organisé. L'empereur ferme les yeux ; si, parfois, quelques plaintes lui parviennent, il fait arrêter le fonctionnaire inculpé, confisque ses biens, et tout est dit.

Religion. — La seule religion reconnue et protégée est l'islamisme. L'empereur, en sa qualité de Chérif ou descendant du prophète est à la fois chef spirituel et chef temporel.

La population du nord de l'Afrique compte plusieurs confréries religieuses : les plus importantes sont celles de Moulé-Taiéb et de Moulé-Abd-el-Kader. Le chef de la première réside à Ouezan, près de Fez; celui de la seconde habite Alexandrie (Egypte). Ces sectes diffèrent entre elles par le Dzeker, c'est-à-dire par les paroles que les croyants doivent réciter sur le chapelet, par le nombre et la variété des prières et par des rites particuliers. Le Dzeker est donné aux Krouans (frères), par leurs chefs respectifs, et ne doit jamais être divulgué.

Les membres de ces ordres religieux sont en relations continuelles avec les Marabouts.

Ces derniers sont de race sainte ; ils peuvent aller à la guerre, exercer un commandement et porter des armes. Les Krouans, au contraire, ne doivent jamais aller au combat. Il leur est interdit de porter des armes, sauf le cas où ils craignent pour leur vie. Mais le cas est rare. Les Krouans sont respectés de tous : celui-là commet un sacrilége qui les attaque ou les injurie. En politique, comme en religion, leur influence est grande : ils instruisent le peuple, commentent les livres saints, expliquent le sens mystérieux des prophéties et élèvent la jeunesse dans la haine des chrétiens.

Bien que fondées dans un même but, ces confréries sont souvent en hostilité : c'est ainsi que celle de Moulé-Taiéb, qui domine dans le Maroc, et celle de Moulé-Abd-El-Kader, qui a ses adeptes en Egypte et à Tunis, luttent entre elles depuis des siècles. — Le chef des Taiéb, si nous en croyons M. Richard, exerce sur les populations du Maroc, et sur celles de l'Algérie, un ascendant immense : « C'est un saint, c'est pour les Musulmans le représentant de Dieu sur la terre ; il a le don des miracles. Du fond de sa petite ville d'Ouazan, il correspond avec le Maroc et l'Algérie, et re-

mue tous les fils secrets qui agitent le peuple
arabe. Il peut, d'un mot, produire bien des
commotions et des bouleversements. C'est lui
qui désigne le successeur à l'empire, et le nouveau sultan vient recevoir l'investiture de ses
mains. Comme on le voit, il jouit de tous les
immenses priviléges de notre papauté chrétienne, à l'époque où elle était assez puissante
pour mettre le pied sur la tête de l'empereur (1). »

Outre les Moulé-Taiéb, il existe au Maroc
une foule de confréries dont les membres se
livrent à différentes pratiques plus ou moins
sauvages, et vivent de l'ignorance et de la
crédulité d'autrui. — Les Aïsaouas sont les
plus connus; ils ont à Fez un vaste sanctuaire,
qui est en quelque sorte la maison centrale de
la communauté. Vers le mois de juillet ils se
rendent par troupes dans la province de Sous,
pour y faire provision de serpents, et se ré-
pandre de là dans toutes les parties de l'em-

(1) El-Hadj-el-Arbi, dont parle M. Richard, est mort :
son fils l'a remplacé ; il jouit déjà de la réputation de sainteté qu'avait son père. *Le Roi est mort, vive le Roi.*

pire. M. Drummond-Hay raconte, au sujet de ces religieux, l'anecdote qui suit :

« ..... Nous rencontrâmes sur la place de Larrache une bande d'Aïsaouas ou charmeurs de serpents; trois d'entre eux étaient musiciens, et avaient pour instruments de longs roseaux en forme de flûtes, percés aux deux bouts, dans l'un desquels ils soufflaient, produisant des sons mélancoliques, qu'ils prolongeaient d'une façon harmonieuse. Les Aïsaouas, invités à nous montrer leurs serpents, y consentirent de bonne grâce.

» D'abord ils soulevèrent leurs mains comme s'ils soutenaient un livre, murmurèrent à l'unisson une prière adressée au patron des enchanteurs; à peine finissaient-ils leur invocation, que la musique reprit. Le principal enchanteur, dans une sorte de danse frénétique, se mit à tourbillonner avec vélocité autour d'un panier de jonc, contenant les reptiles, que recouvrait une peau de chèvre. Tout à coup, le jongleur s'arrête, plonge un bras dans le panier, et en retire un *cobra-capello,* ou plutôt une *huje,* effrayant reptile, qui peut gonfler sa tête en écartant les plaques qui la recouvrent, et qu'on croit

être l'aspic de Cléopâtre, le serpent d'Egypte.
On le nomme *buska* dans le pays.

» L'enchanteur plie, replie, contourne comme
une souple mousseline ce corps verdâtre et
noir ; il l'enroule, en turban, autour de sa
tête, continue à danser et le serpent conserve
sa position, paraissant obéir à tous les mouvements, à toutes les volontés du danseur.

» Le buska fut ensuite posé à terre, et, se
dressant sur sa queue — posture qu'il prend
dans le désert pour attaquer les voyageurs, —
il commença à se balancer à droite et à gauche, en se conformant à la mesure de l'air
joué par les musiciens. Pirouettant alors en
cercles de plus en plus rapides, de plus en
plus rapprochés, l'Aïsaoua plongea de nouveau sa main dans le panier pour en tirer successivement deux des plus venimeux reptiles
des déserts de Sous, serpents plus gros que
le bras d'un homme, longs de deux à trois
pieds, dont la brillante et écailleuse robe est
tachetée de noir et de jaune, et dont la mor-
sure fait pénétrer dans les veines un feu qui
brûle et qui consume : c'est le *laffah*.

» Les deux laffahs, plus ardents et moins
dociles que le buska, se tenant à demi-roulés,

la tête penchée de biais, prêts à l'assaut, sui-
vaient d'un œil étincelant les mouvements du
danseur. Dès qu'ils se trouvaient à portée, ils
se jetaient sur lui, les mâchoires ouvertes, dar-
dant leur corps en avant avec une effroyable
vitesse, sans que leur queue eût l'air de bou-
ger de place, et se rejetant aussitôt en arrière.
L'Aïsaoua, à l'aide de son long haïk, parait
les attaques dirigées contre ses jambes nues,
et les laffahs semblaient imprégner le vête-
ment de leur poison.

» L'homme saisit ensuite par la nuque un
des deux serpents, qu'il tint, toujours dansant en rond et invoquant tout haut Sidna-
Aïser, le patron des charmeurs; puis il sépara
les élastiques et puissantes mâchoires du reptile avec une baguette et montra aux specta-
teurs ébahis les crochets qui laissaient suinter
une substance blanche et huileuse. Il présenta
aussitôt son bras au laffah, qui le mordit im-
diatement, tandis que le danseur multipliait
ses hideuses contorsions, comme dans une
agonie de douleur, en appelant son saint patron.

» Le reptile continua de mordre jusqu'au
moment où l'Aïsaoua, l'arrachant de son bras,

nous montra le sang qui coulait de sa blessure.

» Replaçant à terre le laffah, il appliqua sa
bouche sur sa plaie, et, la serrant entre ses
dents, il dansa encore quelques minutes, tandis que les musiciens pressaient de plus en
plus la mesure. Epuisé, enfin il s'arrêta. »

A la vue de cet étrange spectacle, M. Drummond-Hay exprima l'opinion que le charmeur
avait préalablement enlevé au laffah son ve-
nin, et demanda à manier lui-même le serpent.

—Etes-vous Aïsaoua? lui demanda l'homme
de Sous, ou bien avez-vous une foi inébran-
lable dans le pouvoir de notre saint patron?

— Ni l'un, ni l'autre, répliqua Drummond-
Hay.

—Alors continua l'Arabe, si le serpent vous
mord, votre heure est venue : qu'on m'ap-
porte un poulet ou tout autre animal, et je
vous en donnerai la preuve évidente.

On apporta une poule, on lui enleva quelques plumes ; l'enchanteur reprit son serpent
et le laissa la mordre un instant ; le pauvre vo-
latile, remis à terre, tourna sur lui-même con-
vulsivement l'espace d'une minute, chancela

et tomba mort. Presque aussitôt sa chair prit
une teinte bleuâtre. — L'expérience était
concluante.

Nous-même nous avons assisté deux fois,
— à Tlemcen, d'abord, puis sur l'extrême
frontière du Sahara, — au spectacle qu'a dé-
crit M. Drummond-Hay : nous avons vu les
serpents mordre celui qui les excitait ; nous
avons vu, de nos yeux vu, le sang couler de
la blessure ; mais, sans être tenté de jouer
avec les reptiles et d'expérimenter ainsi nous-
même, nous crûmes alors, et nous croyons
encore que les charmeurs seraient moins audacieux s'ils ne possédaient un antidote sûr
qu'ils appliquent, tout en dansant, sur leur
plaie, et qui neutralise l'effet du poison.

Parmi les sectes religieuses, il faut encore
citer les Santons, espèces d'ermites qui vivent
dans le désert, ou à l'écart dans les villes ; il y
en a de trois espèces : les fous ou idiots, qui
sont réputés saints ; les fanatiques de bonne
foi, et les imposteurs. Tout leur est permis, et
on recueille leurs parole comme une révéla-
tion perpétuelle, car on les croit inspirés

par Dieu. Leur tombeau devient un lieu d'a-
sile et protège même le voleur et l'assassin.

Instruction. — Les écoles, *mecktib*, sont autour des mosquées : les enfants y apprennent
à lire des versets du Koran, et les répètent
jusqu'à ce qu'ils les retiennent par cœur.
En sortant de ces écoles, les enfants passent
aux *mudaris*, lieux d'étude. De là, on entre à
l'université de Fez, appelée *dar-elilm*, maison de la science. « Les *talebs* (licenciés) et les
allems qui sortent de l'université de Fez,
n'ont qu'une légère teinte des sciences mathé-
matiques et physiques ; on y apprend les élé-
ments de la géométrie d'Euclide ; leur cosmo-
gonie est celle du Koran, fille du Pentateuque.
La cosmographie est celle de Ptolémée. L'as-
tronomie se borne à quelques notions nécessaires pour prendre l'heure au soleil avec des
astrolabes extrêmement grossiers. La géogra-
phie est exclue du plan des études. La physique est celle d'Aristote. La métaphysique
est l'arène où les talebs exercent le plus leur
esprit. La chimie se réduit à quelques mani-
pulations alchimiques. L'étude de l'anatomie
est interdite par des motifs religieux. La méde-

cine consiste dans quelques pratiques supers-
titieuses. L'histoire naturelle rencontre les
mêmes obstacles que l'anatomie. Il y a quelques historiographes, qui ignorent complétement l'histoire des autres pays ; quant aux
astronomes, ce sont des astrologues, qui pré-
disent le sort du sultan, de l'empire ou des
particuliers (1).

TRIBUNAUX. — L'empereur est à la fois juge
et législateur suprême : il n'a d'autre code
que le Koran. A certains jours de l'année, il
reçoit lui-même les plaintes de ses sujets, juge
et prononce séance tenante ; ses arrêts sont
irrévocables.

Dans les provinces ce sont les gouverneurs
qui rendent la justice ; mais ils ne peuvent
faire exécuter aucune sentence capitale sans
en avoir préalablement référé à l'empereur,
qui prononce en dernier ressort.

Les peines sont essentiellement corporelles ;
suivant la gravité du délit, on frappe les condamnés par devant ou par derrière ; l'exécu-
teur se sert d'un nerf de bœuf ; dans aucun

(1) *Univers pittoresque.*

cas, on ne peut infliger au patient plus de neuf cent quatre-vingt-dix-neuf coups ; les voleurs ont la main tranchée. M. Didier affirme qu'il y a dans tout l'empire une grande variété de supplices : le pal, l'auge, le croc, la mutilation des membres, etc. ; mais la loi par excellence est toujours la loi du talion : « *Dent pour dent, œil pour œil.* »

COMMERCE, RELATIONS EXTÉRIEURES.—L'exportation des cuirs dits *maroquins,* est la principale branche du commerce. Au dix-septième siècle, pour ne pas remonter plus haut, la France avait pour 1,500,000 fr. de capital engagé dans ses relations commerciales avec le Maroc. Elle y débitait ses propres denrées, elle y faisait valoir ses manufactures ; ses marchands n'y versaient point d'argent, et, par le moyen des échanges, ils en retiraient toujours des produits de plus de valeur que ceux qu'ils y avaient portés.

Les draps du Languedoc, les étoffes de Nîmes, de Montpellier, les soieries de Lyon et les denrées du Levant y trouvaient un facile écoulement ; les toiles de Rouen et de Saint-Malo s'y vendaient chaque année pour plus de

200,000 livres : on en tirait abondamment la
cire, les cuirs, la laine, les plumes d'autruche,
le cuivre et les dattes. Les juifs et les chrétiens s'y partageaient largement tous les béné-
fices du trafic. Salé, sur l'Océan; Tétuan, sur
la Méditerranée, étaient des ports commodes.
Les caravanes de l'Afrique centrale affluaient
à Sainte-Croix (*Aghadir*) et à Saffi. La ville de
Fez était l'entrepôt du commerce de toute la
Barbarie. L'Espagne y portait la cochenille et
le vermillon, l'Angleterre ses draps, la Hollande ses toiles, ses épices, des armes et de la
poudre; l'Italie fournissait l'alun, le soufre et
les poteries de Venise; le Levant y importait
les cotons, du vif-argent et l'opium.

Mais l'Angleterre profita bientôt des dis-
cordes civiles qui éclatèrent dans les provinces
de l'empire et s'ouvrit l'accès du pays; elle
détacha le Chérif de notre alliance, et, sous sa
protection, tout le commerce fut monopolisé
par la Hollande, l'Italie et le Danemark.

Il n'entre point dans notre donnée de traiter
ici la partie historique de l'empire du Maroc;
mais nous rappellerons qu'en 1680 Mouley-
Ismaïl, l'empereur régnant, fit demander en
mariage la princesse de Conti (madame de

Blois), fille naturelle de Louis XIV et de made-
moiselle de la Vallière. La demande fut adressée à M. de Pontchartrain, par Abdallah–Ben–
Aïssa, envoyé de l'empereur près le roi de
France. Louis XIV refusa en jouant l'indignation.

Le mouvement commercial intérieur a beaucoup diminué depuis que les Marocains ont
perdu leur influence politique sur Tombouc-
tou ; les marchandises les plus recherchées
sont : les pistolets, les fusils, les sabres, les
verroteries de Venise, les soieries, les poteries,
les cotonnades imprimées, les mousselines, le
corail, les rasoirs, le sel, les parfums et les
épices. On les achète aux Européens contre les
produits du pays, puis les traficants les livrent
aux caravanes.

Nous avons dit que l'intérêt de la France
avait été longtemps sacrifié par la politique
impériale à l'influence de l'Angleterre et de
quelques autres nations de l'Europe ; voici qui
l'explique. Depuis le XVIe siècle, tous les Etats
de l'Europe, excepté la France, la Russie et la
Prusse, étaient assujettis à des redevances humiliantes au profit des Chérifs marocains. L'Angleterre, il est vrai, ne s'y est jamais soumise

ouvertement; mais son consul à Tanger paie
encore, chaque année, 10,000 douros, quali-
fiés du titre de présent, pour les ministres de
l'empereur; l'Espagne payait 10,000 douros
en présents annuels, et 12,000 à chaque changement de consul; l'Autriche, 10,000 sequins
par an; la Hollande, 15,000 douros; le Danemark, 25,000; la Suède, 20,000; les Etats-
Unis, 15,000 dollars; la Sardaigne et les Deux-
Siciles apportaient aussi leur contingent. Mais
depuis la bataille d'Isly, la plupart des consuls
étrangers notifièrent aux ministres d'Abd-Er-
Rahmann que leurs gouvernements ne vou-
laient plus payer aucun tribut, à quelque titre
que ce pût être. L'Angleterre seule a persisté à
suivre sa politique particulière, qui décore du
titre de présents les sommes qu'on verse dans
le Maroc et les fournitures gratuites d'armes
et de munitions qu'elle y faisait passer à
l'époque de nos derniers conflits avec Abd-Er-
Rahmann.

Aujourd'hui, Fez et Maroc fournissent des
étoffes de soie brodées d'or ou d'argent, des
babouches de maroquin et des poteries artiste-
ment émaillées; les provinces du centre et de
l'ouest exportent des tapis d'une grande ri-

chesse; Tétuan est renommée pour la fabrica-
tion de ses meubles. Le commerce, néanmoins,
est peu considérable.

Avant la conquête d'Alger, les caravanes se
rendaient en Egypte en passant par la régence, où elles échangeaient une partie de leurs
marchandises. Depuis la conquête, ce sont les
navires du commerce qui transportent à Tunis
et au Caire les produits du Maroc. Les caravanes ne voyagent plus qu'à l'intérieur : elles
se rendent, à des époques déterminées, à Tom-
bouctou, dans le Soudan, et dans les grandes
tribus du sud. Elles y importent de la soie,
de la laine, du coton, des draps anglais, du
corail, des perles fausses, des épices, de la
quincaillerie d'Angleterre, des miroirs, des
couteaux, de la poudre et des armes. — Elles
apportent, au retour, des nègres, de la gomme,
du séné, des maharis, des plumes et des œufs
d'autruches, de l'ivoire et de la poudre d'or. —
Le bénéfice des caravanes est évalué à quatre
cent pour cent. L'empereur perçoit à la sortie
25 fr. par chameau chargé de marchandises;
à la rentrée, il prélève le vingtième sur les
esclaves, et le dixième sur les marchandises.

6

Les esclaves, dit M. Léon Godard dans un récent et remarquable ouvrage, sont un des principaux articles d'importation. « On prend de préférence les jeunes nègres et surtout les jeunes négresses de huit à dix ans. L'empereur, à l'arrivée des caravanes, retient pour lui un esclave sur vingt. De plus, il achète le premier *cet article*, et il en fixe arbitrairement le prix. Afin de ne pas subir les conséquences naturelles de cette dernière mesure, qui tend à déprécier les esclaves, le marchand ne les met pas immédiatement en vente. Il consacre quelque temps à les engraisser, à leur apprendre les mots arabes ou berbères les plus usuels. Il ne les maltraite pas ; il combat, au contraire, par les bons procédés, la nostalgie et les autres maladies déterminées par l'amour de la famille et de la patrie absente, par le changement de régime et de climat. D'abord tristes et abattus, les esclaves acceptent pleinement ensuite leur condition nouvelle, et ils embrassent sans difficulté le mahométisme, sauf à y mêler toutes les superstitions imaginables. Un des moyens les plus efficaces que l'on emploie pour les guérir du mal du pays, c'est la musique. Vite donc ! les *senoudj* ou castagnettes de fer, la *ghaïta* ou le hautbois, le *guemeri* ou guitare à deux cordes, le *rebab* ou violon également à deux cordes, les *thabl* enfin, ou tambours de toutes dimensions. Plus le tapage est infernal, plus la figure du sauvage s'épanouit. — Un peu d'éducation donne beaucoup plus de valeur à l'esclave. Le garçon de huit ou dix ans qui arrive, ne sachant rien, ne se vend guère qu'une trentaine de francs. Dans les mêmes conditions, un homme de vingt à vingt-cinq ans est estimé de 120 à 140 francs. Une femme de dix-huit à vingt ans vaut de 140 à 160 francs. Elle s'achète plus cher si elle n'a point encore accouché. Les négresses introduites au Maroc depuis un certain temps, qui savent parler un peu l'arabe et travailler, valent jusqu'à 400 francs. Mais le nègre estimé 245 francs est un esclave de choix.

» Les principaux marchés d'esclaves sont à Maroc, à Fez et à Mogador. Mais on en vend aux enchères dans toutes les villes de l'empire. Un crieur précède l'esclave en disant : *Mamelouk! Mamelouk!* Un amateur se présente; il peut inspecter l'esclave. Toutefois, selon Sidi-Khelil, « l'acquéreur serait blâmable de découvrir en public la poitrine ou les jambes de ce-

lui qu'il marchande. » Si donc il a des doutes
sur ce qui est caché, on entre dans une maison et on visite l'esclave (1). »

Mines. — Une compagnie s'est formée, il
y a treize ans, pour l'exploitation des mines
de l'empire du Maroc ; M. Cognart a été
chargé d'explorer la constitution géologique
de cette contrée : suivant l'explorateur, trois
grandes formations s'étendent depuis le Rif
jusqu'au promontoire de Ceuta. C'est d'abord
la zone littorale formée de contreforts du petit
Atlas, qui s'abaissent graduellement jusqu'à
la mer, en donnant lieu à des promontoires
allongés, entre lesquels s'ouvrent de grandes
plaines alluviales. Cette première zone est en-
tièrement occupée par le terrain tertiaire. Aux
roches cristallines primitives succèdent les
anagnites, les grauwackes, les schistes argi-
leux, les calcaires noirs fossilifères. Le mas-
sif de roches est couronné par un dépôt très-
épais de grès rouge, de conglomérats rouges
et de marne amarante, dont les détails de

(1) *Le Maroc,* notes d'un voyageur, p. 121 et 122, Alger,
1859.

composition ne diffèrent en rien des grès bigarrés de vert. A Ceuta, à Rostorf et à l'extrémité de presque tous les promontoires, on observe de beaux filons de granite et de pegmatite tourmalinifères, incrustés dans du micaschiste. Les filons se rattachent probablement à une grande masse éruptive que la Méditerranée recouvre en ce moment (1).

L'exploitation de ces mines serait pour l'empire une source de richesses; mais le gouvernement s'est fait une loi d'éloigner les Européens, et il leur refuse obstinément toute concession. Un juif d'Alger qui avait obtenu, en 1846, l'autorisation d'exploiter une mine de cuivre, située près de Tétuan, céda son privilége à une compagnie française; Abd-Er-Rhamann fit défense aux ingénieurs de continuer les travaux, et racheta 40,000 francs le privilége qu'il avait donné.

A l'ouest, on trouve du fer; dans le Sous, du cuivre; près de Tétuan, du plomb argentifère et du manganèse; non loin de Tanger, une mine d'argent; près de Maroc, des mines

(1) Compte-rendu de l'Académie des sciences, séance du 19 mars 1847.

de soufre. — Dans plusieurs provinces, les marbres veinés se montrent à la surface du sol.

ARMÉE. — On ne saurait évaluer d'une manière certaine les forces militaires de l'empire. Sous ce rapport, les détails statistiques manquent complétement. Ce n'est donc que sous toute réserve que nous reproduisons l'article suivant publié, en novembre dernier, par le *Moniteur de l'armée*.

« L'armée marocaine, en temps de paix, est peu considérable; elle ne dépasse pas 35,000 hommes, et, dans ce nombre, il faut compter la garde de l'empereur. Mais, lorsque survient une guerre offensive ou défensive, le souverain fait appel aux gouverneurs des provinces; ceux-ci convoquent les tribus placées dans leurs circonscriptions, et sur lesquelles leur action n'est pas impuissante. Alors, à l'armée ordinaire viennent s'adjoindre des corps irréguliers, d'autant plus nombreux que le fanatisme des populations aura été plus surexcité.

» Ces corps ne reçoivent pas de solde, mais ils se nourrissent sur le pays, qu'ils dévastent

et qu'ils pillent. L'empereur, si des difficultés
intérieures ne paralysaient pas ses efforts, et
s'il parvenait à faire prêcher partout la guerre
sainte, pourrait réunir autour de lui une armée d'au moins 300,000 hommes, composée
en très-grande partie de cavaliers. Les circonstances au milieu desquelles il se trouve
ne permettent pas de penser qu'il puisse at-
teindre aujourd'hui un semblable résultat.

» L'effectif de l'armée ordinaire entretenue
par l'empereur Abd - Er - Rahmann était de
35,000 hommes, sur lesquels on comptait
12,000 réguliers, ou soldats d'infanterie organisés avec beaucoup de soin, après la bataille d'Isly, par Sidi–Mohammed, qui les a
toujours commandés depuis ; le reste comprenait 16,000 hommes de la garde noire,
4,500 cavaliers maures, et 2,500 hommes
d'artillerie. Le nouveau souverain, depuis
qu'il est placé à la tête du gouvernement, a
augmenté, dit–on, de 15,000 hommes son
armée régulière, créé des bataillons de chasseurs à pied munis d'armes de précision, de
nouvelles troupes d'artillerie, et de nouveaux
corps de Bokharis, ou soldats noirs. »

Ces Bokharis, féroces et fanatiques à l'excès,

constituent une force imposante ; mais si braves qu'ils soient, ils résistent difficilement à une troupe exercée. — Nous les avons vus à Isly.

Les Européens, lorsqu'ils ont fait la guerre au Maroc, ont, presque toujours, pris pour bases d'opérations les villes ou les places fortes situées sur la Méditerranée. — Cela s'explique : la distance qui sépare Tanger de Tarifa étant de vingt milles au plus, les Espagnols devaient naturellement choisir le nord de l'empire pour but de leurs attaques. Les troupes de débarquement arrivaient, sans fatigues, sur le territoire ennemi ; elles étaient en communication directe avec la métropole et pouvaient ainsi recevoir, d'un jour à l'autre, des renforts, des munitions et des vivres ; partant, elles se trouvaient, au début de la campagne, dans les meilleures conditions pour engager et soutenir la lutte. Tanger, Ceuta, Melilla devenaient alors des points stratégiques d'une importance capitale. Mais l'occupation de ces places fortes, si préjudiciable qu'elle fût aux Chérifs, ne laissait aux vainqueurs qu'une gloire sans profits. Les Espagnols, en effet, n'osaient s'avancer vers le sud, dans la crainte d'être surpris et enveloppés : force leur était donc de rester et de vivre sous le canon de la citadelle. Quant à l'empereur, il faisait surveiller ses ennemis, les tenait, en quelque sorte, captifs dans leurs campements et attendait que l'occasion lui fût offerte de reconquérir par violence ou par ruse le territoire qu'il avait perdu.

Les points vulnérables ne sont donc ni Tanger, ni Ceuta. — Pour démembrer le Maroc, c'est Rabat et Salé qu'il faut prendre. Tel est, du moins, l'avis d'un homme qui a parcouru l'empire, et dont l'opinion mérite, croyonsnous, d'être prise en sérieuse considération.

Rabat et Salé, bien que ruinées aujourd'hui, ont été des villes importantes, la dernière surtout. Yakoub-le-Victorieux voulait en faire la capitale de son royaume (1).

« Certes, à la fin du xiiie siècle, à une époque où la marche envahissante des Maures s'était

---

(1) Yakoub (Abou-Yousouf), de la dynastie des Mérinites, monta sur le trône de Fez en 1258, réunit Maroc à ses Etats, passa trois fois en Espagne, combattit Alphonse X, puis se tourna contre les Maures et assiégea Cordoue.

portée à travers la Méditerranée et la Péninsule jusqu'aux Pyrennées, et où les clés du détroit se trouvaient entre les mains du sultan
du Maroc, ce projet, dit M. Rey, était une
idée de génie, car il paraissait impossible de
trouver une position plus appropriée que celle
de ces deux villes au système d'unité dans lequel le Charlemagne de l'Afrique travaillait à
relier les races diverses et les tribus ennemies
qui se disputaient cet immense territoire. Un
coup d'œil jeté sur le pays, du haut de la tour
de Sidi-Hassan, suffit pour faire comprendre
la pensée de Yakoub.

» La dilatation de l'Atlas, d'une part, et de
l'autre l'échange de la côte, produisent à l'embouchure du Bou-Regreb un étranglement dont
Rabat et Salé couvrent presque toute la surface et que le Bou-Regreb coupe perpendiculai-
rement à la côte. Les collines qui terminent
l'Atlas sur ce point s'étendent presque aux
murs de Rabat, et le passage, embarrassé déjà
par les accidents de terrain, se trouve, au-
delà de la ville, intercepté de temps immémo-
rial par de farouches Berbères, qu'aucune
puissance n'a jamais domptés.

» Il résulte de là que la seule route qui mette

en communication le nord avec le sud de l'empire, doit nécessairement franchir le Bou-Regreb, sous le canon de Rabat et de Salé.

, » Cette position unique, qui a fait de ces deux villes les clés de Fez et de Maroc, explique l'importance du rôle qu'elles ont joué de tout temps, importance que Yakoub avait justement appréciée. Indépendantes, elles rendaient matériellement impossible la réunion des royaumes de Fez et de Maroc, et dans le long antagonisme de peuples et de dynasties dont les phases remplissent l'histoire de l'Afrique sententrionale jusqu'au siècle dernier, on les vit en effet rendre la victoire incertaine, et faire pencher la balance à leur gré, tantôt en faveur de Fez, tantôt en faveur de Maroc.

» L'occupation de ces deux villes, réunies et définitivement soumises à un pouvoir central, devenait pour ce pouvoir une condition essentielle d'existence et de prospérité ; c'est par elles que la vie politique et commerciale devait passer d'un royaume à l'autre ; elles étaient comme le canal artériel de l'empire. Mais Yacoub voulait plus : il voulait qu'elles en devinssent le cœur ; tout autre plan paraissait devoir susciter des obstacles sérieux à l'unité qu'il s'efforçait de consolider après l'avoir établie.

» Résider exclusivement dans l'une des anciennes capitales, Fez ou Maroc, c'était exciter la jalousie, les plaintes de celui des deux peuples à qui l'autre était préféré, c'était semer entre eux la discorde; résider alternativement dans l'une et dans l'autre, c'était, en définitive, perpétuer la division, qu'il importait d'effacer complétement; dans tous les cas, l'occupation de Rabat ou de Salé, par une puissance ennemie ou par un parti rebelle, pouvait, d'un moment à l'autre, compromettre l'existence de l'empire en suspendant la circulation politique.

» Il semblait donc qu'en concentrant toutes ses forces à Rabat et à Salé, le gouvernement impérial pourrait prévenir tous ces dangers et opérer plus aisément la fusion des deux royaumes.

» Par l'occupation de Rabat, premier anneau d'une chaîne de forteresses, qui devaient s'étendre tout le long de la route, jusqu'à Maroc, il contenait les populations du sud, arrêtait le torrent Berbère, toujours prêt à faire irruption dans les plaines d'Ansa, surveillait la frontière du Désert, et pouvait, au premier signal de révolte, jeter en cinq ou six jours, une armée dans Maroc. L'occupation de Salé lui donnait les mêmes avantages sur les provinces du nord. La citadelle de Mamora, assise dans une position imprenable, sur l'embouchure du Sbou, distante seulement de 6 à 7 lieues de celle du Bou-Regreb, le rendait maître du cours de ce fleuve, qui était alors navigable jusqu'à Fez ; par là, il pouvait encore en quatre jours concentrer ses forces sur Fez ou sur Méquinez, et couvrir la frontière de l'est.

» Dans la formation de ce plan, les prévisions de Yacoub s'étendaient encore aux intérêts de ses possessions d'Espagne, et aux dangers constamment suscités contre elles par l'Europe chrétienne. A ce point de vue la position centrale et maritime de Rabat et de Salé convenait à toutes les éventualités d'une guerre étrangère.

» Les bouches du Bou-Regreb et du Sbou jetaient incessamment à l'Océan ces redoutables flottilles, moins fortes encore de leur valeur réelle que du voisinage des côtes, ces flottilles qui rendaient inabordables le littoral de l'Afrique et celui de la Péninsule. La grande forêt de Yeuresna, située à une journée et demie de marche de Rabat, l'antique et immense forêt de Mamorra, qui commence à deux lieues de Salé, fournissaient à ses chantiers des bois que l'Angleterre et la Suède envient encore au Maroc.

» Tout concourait ainsi à l'heureuse réalisation du projet de Yacoub, et pourtant ce projet, qu'il n'eut pas lui-même le temps d'exécuter, ses successeurs l'ont abandonné. Ils ont laissé à Maroc et à Fez leur titre et leurs priviléges de capitales, et se sont résignés à l'obligation d'y résider alternativement. C'est que la mort de Yacoub, en changeant les destinées de l'empire, devait changer aussi la politique des sultans.

» Les Maures, chassés de l'Espagne, poursuivis et battus jusque sur leur territoire, dépouillés de toutes leurs villes maritimes, à l'exception de Rabat et de Salé, pressés de toutes parts dans un blocus qui menaçait d'étouffer leur puissance, les Maures ont assez fait de triompher à la longue de ce blocus; mais, en leur abandonnant l'Afrique, la chrétienté les y laissait dans un état d'épuisement et de dégradation qui devait empirer de siècle en siècle. Loin de pouvoir prétendre à de nouvelles conquêtes, l'islamisme, en Afrique comme partout, ne dut plus songer qu'à se conserver et à se défendre, ses ressorts distendus ne fonctionnant plus au profit d'un principe général et d'intérêts communs.

» Dans une situation pareille, on juge combien il eût été dangereux pour les sultans du Maroc de fixer leur résidence dans une ville maritime dont ils auraient fait leur capitale unique ; la moindre contestation avec une puissance étrangère aurait pu amener une flotte sous les murs de Rabat, et un seul coup de canon aurait fait au cœur de l'empire une blessure mortelle.

» C'est ce danger que les successeurs de Yacoub ont cherché à prévenir, en fixant leur résidence le plus loin possible de la côte, et en transportant le corps diplomatique le plus loin possible de Rabat, où il avait résidé dans le principe.

» Toutefois, cette politique des sultans, en amoindrissant le danger, ne l'a pas absolument écarté. Pour n'être pas devenues capitales, Rabat et Salé n'en ont pas perdu pour cela une importance qu'elles doivent surtout à leur position géographique, et si la vie de l'Etat n'est pas concentrée en elles, c'est par elles qu'il lui est donné de circuler. Interceptez le canal ou brisez-le, la circulation s'arrête immédiatement : le gouvernement est paralysé, et, pour peu que cet état de choses se prolonge, une dislocation générale en devient le résultat inévitable.

» Assurément, le bombardement ou l'occupation de Tétuan, de Tanger, d'El-Araich et de Mogador ne produiraient pas des conséquences aussi funestes. Ces villes font, il est vrai, un riche commerce d'importation et d'exportation ; mais le Maroc peut fort bien se passer de commerce, puisque son activité commerciale ne date que du siècle dernier, et que jusqu'alors il s'était suffi à lui-même.

» La population de ces villes est nombreuse et opulente ; mais elle se compose, en majeure partie, de Juifs et d'étrangers qui en ont altéré le caractère et diminué l'importance politique. D'ailleurs, grâce à l'esprit nomade de ces peuples arabes, qu'aucun lien n'attache au sol (puisque la propriété foncière n'existe là réellement que comme un privilége exclusif du sultan, maître absolu de la terre, en sa qua-

lité de vicaire d'Allah), la ruine de ces villes
ne produirait qu'un refoulement de population vers l'intérieur, où certes il ne manque
pas de terrain inoccupé à fournir à de nouveaux établissements.

» Ces villes sont fortifiées; mais qu'importe
au sultan la ruine de quelques murailles qu'il
laisse s'écrouler d'elles-mêmes? Quel tort peut
lui causer la perte de quelques canons rongés
par la rouille et à demi ensevelis sous le sable?
Enlevez tout le littoral, vous remettez l'empire
dans la situation où l'ont tenu, durant plus
d'un siècle, les Portugais et les Espagnols, et
peut-être, en définitive, lui aurez-vous rendu
service. La nécessité de la résistance ralliera
tous les intérêts locaux à un intérêt commun ;
elle rendra à tous ces intérêts usés et leur activité et leur énergie ; elle réveillera l'esprit
d'unité qui allait s'éteignant de jour en jour,
et ressuscitera la puissance que peut donner
le fanatisme religieux. Mais, bombardez, occu-
pez Rabat et Salé, l'unité d'action et d'espoir
devient matériellement impossible ; les membres, séparés de la tête, s'agitent dans la confusion et se fatiguent en inutiles efforts ; la
nécessité même de la résistance assure la créa-

7

tion d'un nouveau gouvernement dans la partie de l'empire que le sultan aura abandonnée à elle-même; les prétentions d'Abd-El-Kader, celles des enfants légitimes de Muley-Soliman, dépossédés en faveur de leur oncle Abd-Er-Rhamann; les Oudaïa, qui rêvent encore à leur puissance anéantie; les Zahires et d'autres Berbères encore qui ne veulent reconnaître aucun maître; les antipathies anciennes, les inimitiés actuelles, tout concourt à une conflagration générale, à un schisme, à un démembrement (1). »

La mort d'Abd-Er-Rhamann était à peine connue, que toutes les tribus de l'est et du sud s'insurgeaient contre le nouvel empereur. M. Rey ne s'était donc point trompé dans ses appréciations quant à la politique. Il était également dans le vrai en désignant Rabat et Salé comme des points essentiels, et nous croyons avec lui que la prise de ces deux villes par une escadre espagnole simplifierait singulièrement la question.

Le tableau suivant indique les distances

(1) Rey, *Souvenirs d'un voyage au Maroc*, 1844.

qui séparent de la côte espagnole les points
principaux marocains.

D'Algésiras à. . . .	Tanger. . . .	34 milles.
	Ceuta	18
De Tarifa à	Tanger. . . .	20
	Ceuta	21
De Gibraltar à. . .	Ceuta	15
	Tanger. . . .	37

Ces distances sont par mer, en milles marins, de 60 au degré, et à la ligne droite.

—

PARTIE HISTORIQUE

—

I

CONQUÊTES DES ESPAGNOLS DANS LE MAROC

Après que les Arabes eurent été chassés
d'Europe, l'esprit de conquête et les haines
religieuses poussèrent les vainqueurs à pour-
suivre jusqu'en Afrique la race qu'ils venaient
d'expulser. De cette époque datent les expéditions des Espagnols contre les Barbaresques.
Les attaques contre l'empire du Maroc sont,
néanmoins, postérieures à la prise de Grenade.
La première, dirigée contre le Penon de Velez
(juin 1508), fut provoquée, paraît-il, par un
enchaînement de circonstances particulières.
L'amiral Pierre de Navarre ayant poursuivi

quelques corsaires jusqu'en vue de Velez, la garnison de la forteresse, située en deçà du rivage, crut devoir porter secours à la ville qu'elle croyait menacée. Les Espagnols profitèrent de cette méprise et s'emparèrent du Penon, bien convaincus que ce poste pourrait devenir par la suite un lieu de ralliement et un point de départ pour des opérations plus importantes. Ils comptaient s'y maintenir; mais les habitants de Velez avaient à cœur de reprendre la citadelle qui commandait leur ville et défendait l'entrée; ils assaillirent, à plusieurs reprises, les Espagnols. Repoussés à chaque tentative, ils eurent recours à la ruse : des Maures, déguisés, pénétrèrent dans la place, y semèrent la trahison, puis s'en rendirent maîtres. — En 1564, une flotte espagnole vint attaquer la ville. La garnison jugea la défense impossible et se retira.

Les vainqueurs ne cherchèrent point à étendre leur conquête à l'intérieur. Tout entiers aux attaques incessamment dirigées contre Oran, Alger, Tunis et Tripoli, tantôt triomphants, tantôt vaincus, ils finirent par renoncer, du moins en apparence, à s'établir sérieusement en Algérie. Quand l'occasion leur était offerte d'acquérir une place, ils ne la laissaient point échapper; mais ne soutenant cet avantage d'aucun effort suivi, ils durent s'en tenir à quelques possessions peu importantes. — Ce fut ainsi qu'au commencement du XVIIe siècle, le roi d'Espagne ayant prêté une somme assez forte à un prince arabe qui convoitait l'empire, se fit livrer, à titre de gage, la ville d'El-Azaich où il mit garnison.

Une autre place importante, Melilla, appartenait depuis longtemps à l'Espagne, lorsqu'en 1565 les Marocains, conduits par un marabout qui se disait inspiré, tentèrent de s'en emparer (1). Les assiégés firent bonne contenance, et les assaillants furent forcés de se retirer après avoir subi des pertes considérables. Deux siècles plus tard (1774), les Magrebins, à la tête de forces imposantes, tentèrent de la réduire : ils furent repoussés après une lutte opiniâtre. Une attaque contre le Penon de Velez ne réussit pas mieux. Les Maures, découragés par ces défaites successives, n'osèrent plus reparaître.

La plupart des puissances maritimes de

(1) Marmol; Miranda.

l'Europe avaient conclu des traités particuliers avec la Barbarie pour se préserver de ses corsaires. L'Espagne, seule, était en guerre continuelle avec les Africains. D'aucun côté on n'oubliait. Les Espagnols avaient à venger d'anciennes injures; les Arabes se rappelaient les terribles représailles exercées contre eux au mépris des traités : de là ces luttes acharnées, plus sanglantes que profitables. Après des sacrifices immenses en hommes et en argent, les Espagnols avaient fini par posséder dans le Maroc quatre ou cinq villes seulement : Penon de Velez, Melilla, la petite place d'Alhuzema et la ville de Ceuta, qui avait été conquise par les Portugais. C'était peu.

On l'a dit avec raison, l'histoire militaire des deux peuples offre un singulier contraste : « Les Maures ont accablé toute l'Espagne, et les Espagnols n'ont pu que harceler les Maures; ils ont passé la mer atlantique et conquis un nouveau monde sans pouvoir se venger à cinq lieues de leur territoire. Les Maures, mal armés, indisciplinés, esclaves sous un gouvernement détestable, n'ont pu être subjugués par les troupes aguerries de la catholique Espagne. » Sans doute, il peut pa-

raître étrange que les Espagnols qui ont conquis l'Amérique n'aient pu s'établir en Afrique. Mais que conclure de leur insuccès, sinon
que les Musulmans puisaient dans leur fanatisme religieux un courage indomptable? —
Aussi bien, chaque fois que les chrétiens se
coalisèrent contre le mahométisme, Maures,
Arabes et Berbères, sans distinction de race,
marchèrent contre l'ennemi. Tout désaccord
particulier cessait devant le danger général, et
ce n'est point une des moindres gloires du
fondateur de l'islamisme que d'avoir su inspi-
rer à ses disciples, et, par eux, à leurs successeurs, cet esprit de suite et d'unanimité qui
manqua presque toujours aux chrétiens.

Peut-être objectera-t-on que ce principe
d'alliance religieuse fut méconnu par les Musulmans, alors que, sur le point d'être expul-
sés d'Espagne, les Maures firent un dernier
appel à leurs alliés naturels. Oui, si à ce moment suprême toutes les forces dont le mahométisme pouvait disposer s'étaient réunies
contre la Castille et l'Aragon, Isabelle, — il
est permis de le croire, — aurait été vaincue.
On ne saurait cependant le méconnaître, la
loi mystérieuse qui régit toutes les races et

assigne à chacune d'elles l'espace qu'elle doit occuper, s'oppose à ce que les Musulmans s'établissent en Europe. — L'existence de l'empire turc ne préjuge rien contre cette assertion. Bien que des puissances civilisées, obéissant à des considérations politiques qu'il ne nous appartient pas d'apprécier, aient cru devoir s'opposer à la destruction de cet empire, il est impossible, en présence des faits accomplis et de la situation actuelle de l'Europe, de croire à la durée d'un état de choses contre lequel tout proteste. Tôt ou tard, — on doit s'y attendre, — les Turcs seront refoulés en Afrique et en Asie.

II

LES PORTUGAIS AU MAROC.

Une grande partie des observations que nous avons faites sur les établissements des Espagnols au Maroc, s'appliquent également aux Portugais. Il faut cependant remarquer

que les expéditions de ces derniers et les possessions qu'ils ont conquises ont été incompa-
rablement plus importantes. Un récit, qui
semble tenir autant de la légende que de l'histoire, nous fait savoir que Jean Ier voulant
armer chevaliers ses cinq fils, eut l'idée d'or-
ganiser de grandes réjouissances et de bril-
lants tournois pour célébrer cet événement.
Un de ses ministres lui fit observer que les
sommes considérables qui seraient dépensées
dans ces fêtes pourraient être mieux employées à quelque action utile, comme, par
exemple, à quelque noble entreprise sur le
pays africain ; la gloire qu'y conquerraient
les jeunes princes vaudrait certes celle des
tournois, dont les dangers sont en somme
peu de chose et ne rapportent pas beaucoup
d'honneur à ceux qui s'y sont exposés. Le
roi goûta ce conseil et résolut de le suivre. Il
prit la mer, en effet, avec un grand nombre
de voiles, vers le mois d'août 1415, et surpre-
nant les Arabes par une attaque imprévue,
s'empara de Ceuta. Après avoir armé chevaliers ses cinq fils, qui · s'étaient distingués
dans l'assaut, il mit une garnison dans la
ville, et revint à Lisbonne. Du reste il ne

poursuivit pas sa fortune en Afrique; il se
contenta d'avoir fait cette heureuse campagne, soit qu'il craignît de moins réussir en
une seconde entreprise, soit plutôt qu'il n'eût
jamais songé sérieusement à fonder dans le
Maroc un établissement de grande importance.

En tout cas, l'événement sembla donner
raison à sa politique; car sous son successeur (en 1437), une expédition étant allée as-
siéger Tanger, malgré l'avis, il faut bien le
dire, d'un grand nombre de conseillers de la
couronne, les Portugais furent non-seulement
repoussés dans leur tentative contre la ville,
mais encore enveloppés par l'armée du prince
marocain qui tenait la campagne, et réduits
à capituler. Ceuta dut être évacuée par les
chrétiens, et don Ferdinand, frère du roi, fut
laissé en otage, comme garantie de l'exécution de ce traité. L'indignation fut grande en
Portugal quand cette honteuse transaction y
fut connue ; les Cortès se refusèrent à la rati-
fier, et l'infant Ferdinand dut rester dans les
fers jusqu'à sa mort, qui arriva en 1443.
L'année 1463 ne fut pas plus favorable aux
Portugais ; dans une expédition contre Tanger

ils furent battus en rase campagne et ne rega-
gnèrent Ceuta qu'à grand'peine. En 1468,
plus heureux, ils prirent la ville assez importante d'Aufa, mais peu de temps après,
jugeant que le profit politique qu'ils retiraient de cette occupation ne compensait pas
les dépenses qu'elle entraînait, ils évacuè-
rent cette place et la détruisirent. En 1471,
Arzilla, ville située sur l'Océan fut prise par
Alphonse V en personne ; il ne put maîtriser
ses troupes qui livrèrent la ville à feu et à
sang. Ce carnage épouvanta les habitants de
Tanger qui, redoutant un pareil traitement,
oublièrent qu'ils avaient deux fois avec succès repoussé les armes des Portugais, et abandonnèrent la ville en toute hâte. Le trône
du Maroc était disputé en ce moment par
deux compétiteurs ; l'un d'eux qui avait eu
plusieurs de ses femmes et de ses enfants faits
prisonniers dans Arzilla, signa avec le vainqueur une trève de vingt ans qui fut observée des deux côtés. Ce temps expiré, les hostilités reprirent avec des chances à peu près
égales, c'est-à-dire que les Portugais défendi-
rent leurs villes, mais furent battus en rase
campagne. Ce que l'on remarque assez géné-

ralement d'ailleurs dans les rencontres entre les deux nations, c'est que les siéges et les défenses des places sont défavorables aux Marocains, tandis que les combats en plaine leur portent bonheur.

En 1506 et 1507 deux événements imporportants : la fondation de Mazagan, et la prise de Safi ; cette ville, travaillée par des factions intestines dont profitèrent habilement les Portugais, tomba en leur pouvoir en 1507 ; ils avaient commencé par y établir un comptoir, qui fut peu à peu transformé en une véritable forteresse, puis, à un moment donné, des troupes, parties de Mazagan, investirent la place et s'en emparèrent. La fondation de Santa-Cruz remonte à peu près à cette époque. En 1508, les Portugais attirés traîtreusement par Mouley-Sidan sous les murs d'Azemmour, qu'il se faisait fort de leur livrer, sont attaqués à l'improviste par les Arabes et forcés de se rembarquer dans le plus grand désordre. Mais d'un autre côté une tentative des Arabes contre Safi échoua, malgré l'opiniâtreté extraordinaire qu'il montrèrent ; ce siége fit beaucoup d'honneur au capitainegénéral Ataydé, qui finit par faire reconnaître son autorité aux tribus voisines dans un rayon très-étendu.

En 1508, le siége fut présenté devant Arzilla par le roi de Fez et poussé avec une grande vigueur ; les Portugais furent obligés de se retirer dans la citadelle, et pressés par un ennemi nombreux ne s'y défendaient qu'avec désavantage, quand le roi d'Espagne envoya au secours de la place assiégée une petite armée de quatre mille hommes. Le roi de Fez, désespérant de réussir et craignant d'être à son tour réduit à la défensive, se retira en toute hâte. Cette démonstration généreuse de la part de l'Espagne fit cessser le désaccord qui régnait entre les deux royaumes dans leurs projets d'établissements sur les côtes du Maroc. Il fut convenu, pour éviter dorénavant la rivalité, que les Portugais respecteraient le Penon de Velez comme la limite des possessions jusqu'où ils pourraient porter leurs armes.

En 1513, les Portugais prirent leur revanche de la défaite qu'ils avaient essuyée devant les murs d'Azemmour. Une armée de 12,000 hommes, conduite par le duc de Bragance, vint mettre le siége devant cette place, que les

Arabes abandonnèrent après une courte défense, découragés par la perte de leur chef,
qui fut tué dès le commencement de l'affaire.
Une garnison importante établit d'une façon
durable la domination portugaise, qui s'étendit sur une grande partie des pays environ-
nants ; un assez grand nombre de tribus se re-
connurent tributaires du Portugal, et tout semblait faire croire que la conquête était assurée,
quand parut sur la scène politique l'importante famille des Chérifs, qui forma et accomplit le dessein de reconstituer l'empire du
Maroc en chassant les chrétiens de son territoire.

Ce fut un marabout nommé Sidi–Moham-
med-Ben-Ahmed qui conçut ce projet, et se
sentant vieux, en confia la réalisation à ses
trois fils. Il descendait du prophète, et avait,
en cette qualité, le titre de Chérif, ainsi que ses
enfants ; de plus, ceux-ci firent un pèlerinage
à la Mecque, ce qui augmenta encore l'influence religieuse qu'ils pouvaient exercer.
Héritiers des desseins de leur père, ils se firent connaître à la cour par leur science et
leur sainteté, et quand ils jugèrent le moment
venu sollicitèrent du roi l'autorisation de prê-

cher la guerre contre les chrétiens, et l'obtin-
rent, malgré l'opposition d'un parti assez nombreux à la tête duquel se trouvait le frère du
roi. Ce prince comprenait bien que mettre
une pareille arme entre les mains de gens in-
telligents, c'était, même en les supposant
exempts d'ambition dans le principe, leur
donner une trop forte tentation de la tourner
contre celui qui la leur aurait donnée. En tout
cas c'était reconnaître l'insuffisance de la politique suivie jusqu'alors par le gouvernement.
La ligue formée par les Guises, en apparence
contre les Huguenots, mais en réalité contre la
royauté des Valois, fut une entreprise assez
analogue à celle que la famille des Chérifs ;
plus adroite ou mieux servie par les événements, sut mener à bonne fin.

Prophètes et guerriers, les Chérifs se mirent
à parcourir le royaume de Fez, prêchant la
guerre sainte et entraînant un grand nombre
de soldats à leur suite. Ils sentirent le besoin
de se signaler immédiatement par quelque
exploit qui frappât l'esprit des populations, et
ne pouvant attaquer les places avec quelque
chance de succès, ils trouvèrent moyen d'atti-
rer les Portugais en pleine campagne, et les

8

battirent dans plusieurs rencontres. Riches
alors de butin ils revinrent à Fez, entourés
d'un concours immense de peuple, qui les pro-
clamait les libérateurs du pays et les défenseurs de la religion. De si grands services ne
sont pas rendus par des sujets sans que les
rois commencent à réfléchir. Les Chérifs s'a-
perçurent sans doute qu'ils n'étaient pas reçus
à la cour avec autant d'enthousiasme qu'avant
leur campagne; en habiles politiques, ils lais-
sèrent au temps le soin de calmer les inquiétudes du prince de Fez, et s'enfurent dans le
royaume de Maroc continuer leur mission. Ils
y furent d'autant mieux accueillis, que le roi
de ce pays était menacé en ce moment par une
armée portugaise et par les Arabes que Sidi-
Iahia commandait; ce chef, qui avait livré Safi
aux Portugais, était depuis ce temps pour
eux un allié dévoué et infatigable. Les Chérifs l'attaquèrent et le battirent, ce qui leur va-
lut une grande réputation militaire. Le temps
leur parut venu de montrer une partie de
leurs projets; ils décidèrent les pays de Dra'a
et de Sous à leur payer la dîme, et firent proclamer leur père Emir, ce qui les rendait souverains et égaux aux rois de Fez et de Ma-

roc. Cependant, dans cette nouvelle position, leurs armes ne furent pas d'abord heureuses; ils se firent battre en 1516 par le capitaine général Ataydé, et durent se réfugier sur le territoire du Maroc.

Nous n'avons pas voulu charger ce récit de noms propres; il ne nous est pas permis, pourtant, de passer sous silence le nom d'une famille que l'on retrouve à chaque siége, à chaque bataille, versant son sang pour le Portugal : je veux dire la glorieuse famille de Ménesez.

Dès la première expédition des Portugais, en 1416, on trouve Pierre de Ménesez au premier rang des combattants : le roi Jean lui donna le commandement de la garnison de Ceuta. En 1458, Edouard de Ménesez est gouverneur de Ksar-Es-Srir; en 1471, Henri de Ménesez commande la place d'Arzilla; en 1595, Jean de Ménesez bat les Arabes, qui avaient attaqué cette même ville; un autre, Pierre de Ménesez, se trouve, en 1513, gouverneur de Tanger, et périt dans une sortie. Nous en passons, et des meilleurs; avec une fortune diverse, tous les membres de cette noble famille se montrent égaux dans leur

dévouement à leur pays. A l'époque à laquelle
nous sommes arrivés, le Portugal comptait
beaucoup aussi sur un vaillant capitaine qui
avait nom Lopez Barriga, la terreur des Arabes. Il s'en fallait cependant que, malgré son
courage et son habileté, Lopez Barriga fût toujours vainqueur. Deux fois, sous les murs
d'Aguel, il fut battu par les Chérifs; une fois
même, fait prisonnier, il ne parvint à s'échapper que par un prodige d'audace.

En 1513, le roi Emmanuel voulut établir
une position militaire à Mamora, pour relier
les possessions du sud à celles du nord, trop
distantes entre elles; le débarquement se fit
assez heureusement, ainsi que la construction
de quelques ouvrages de fortifications; mais le
frère du roi de Fez, ayant été attiré par l'im-
prudence des Portugais, les battit complète-
ment et les contraignit à reprendre la mer, en
abandonnant tout leur matériel d'établissement.

En 1516, Lopez Barriga s'empara de la ville
d'Amayar, qui fournit un riche butin aux vainqueurs; puis il battit les Chérifs en rase campagne, à Mosquérézo, et blessa grièvement de
sa main l'aîné d'entr'eux, qui mourut quel-

ques jours après des suites de sa blessure.

Vaincus par les armes, les Chérifs se relèvent par la ruse. A force de menées et de calomnies, ils parvinrent à rendre suspect aux Portugais Sidi-Iahia, leur allié le plus fidèle et le plus précieux ; il fut envoyé prisonnier à Lisbonne, sous l'accusation de trahison. Ce traitement indigne souleva les tribus qui lui obéissaient ; attaquées par le capitaine général Ataydé, elles prirent biéntôt l'offensive ; ce chef fut tué, ainsi que les principaux personnages de l'armée, dans une mêlée terrible ; les troupes portugaises furent littéralement exterminées.

Sidi-Iahia, acquitté à Lisbonne et plus que jamais en faveur, revint combattre en allié fidèle, et peut-être la victoire fût-elle revenue avec lui, mais il fut assassiné, et cette mort était trop profitable aux Chérifs pour qu'on ne la leur attribuât pas. Du reste, ils venaient de jeter le masque ; ils s'étaient rendus depuis peu à Maroc, et avaient fait disparaître Mouleï-Nacer ; l'aîné des Chérifs s'était fait proclamer sultan, le second gouverneur de Sous. Ils combattirent tour à tour le roi de Fez, dont ils convoitaient le territoire, et les Portugais, dont l'extermination était le but apparent de leur mission.

En 1536, le second des Chérifs s'empara de Santa-Cruz après une lutte acharnée, et passa la garnison au fil de l'épée. Jaloux de la gloire de son cadet, Mouleï-Mohammed, mal conseillé par des courtisans perfides, lui chercha querelle, et bientôt, oubliant cette union que leur père leur a imposée comme le seul moyen de faire réussir leurs projets, les deux frères prirent les armes l'un contre l'autre. Ils se réunirent un instant contre l'ennemi commun, et firent le siége de Safi, devant laquelle ils furent repoussés avec de grandes pertes; mais bientôt leur querelle recommença : Mouleï-Mohammed, définitivement vainqueur, s'empara du pouvoir et tourna ses vues du côté du royaume de Fez. Il hésita d'abord, tout victorieux qu'il était, à usurper ouvertement la couronne, et à déposséder le fils de son ancien bienfaiteur; mais enfin, en 1549, ce prince ayant demandé du secours à l'Espagne contre les empiétements, chaque jour plus insolents, du Chérif, celui-ci profite de l'occasion, proclame qu'il va combattre l'ennemi de la foi, et chasse en effet ce malheureux prince, dont il réunit la couronne à celle du Maroc, accomplissant ainsi cette reconstitution de l'ancien empire que son père avait rêvée.

Faut-il conclure que les Chérifs ont déployé un génie extraordinaire ? on est disposé à admirer ceux qui réussissent, et quels que soient les moyens mis en usage par les usurpateurs, ils sont dans l'opinion publique justifiés par le succès. L'histoire qui juge de sang froid doit souvent ramener à une expression plus sage les louanges que l'enthousiasme a prodiguées sans mesure. Sans doute, les Chérifs ont exécuté un dessein hardi et qui frappe par la grandeur du résultat. Sans doute, dans la prédication de la guerre sainte, ils ont montré une éloquence entraînante ; sans doute, ils ont montré des talents militaires dans leur lutte contre les chrétiens. Il faut cependant observer qu'ils n'ont pas été toujours victorieux et que s'ils ont fini par triompher, ils ont été singulièrement servis par la mort de leur plus redoutable ennemi Sidi-Iahia ; s'il est vrai, comme on l'a prétendu, qu'ils ne sont pas étrangers à cette mort, l'habileté qui aide ainsi la fortune ne peut pas mériter des éloges sans restriction. En les supposant con-

vaincus dans l'origine qu'ils avaient une mission à accomplir, celle de chasser les chrétiens et de reconstituer l'unité de l'empire du
Maroc, on serait en droit d'attendre d'eux
qu'ils eussent exécuté ce projet au profit d'un
des princes régnant alors, du roi de Fez par
exemple, qui les avait accueillis avec tant de
bienveillance et qui pouvait se considérer à
juste titre comme leur bienfaiteur. Dira-t-on
que ce roi et celui de Maroc avaient par leur
inaction antérieure perdu tout leur prestige
auprès de leurs sujets? Dira-t-on que la politique a des entraînements que l'on ne saurait
examiner de sang froid? Ces raisons sont plus
faites pour plaire aux habiles gens qu'aux
honnêtes gens. Comprend-on que ces frères,
inspirés par le Prophète, aient pu armer dans
une lutte fratricide ces bras vengeurs qu'Allah avait suscités contre les oppresseurs de
leur pays? Mais peut-être l'historien a-t-il
mauvaise grâce à faire, s'il est permis de dire,
cette chicane aux grands hommes, quand les
témoins de toutes ces contradictions ne ressen-
tent pour eux qu'admiration et enthousiasme.
Une influence irrésistible sur les populations,
on ne peut nier que les Chérifs l'aient eue;

l'adhésion des Marocains a consacré leur ambition comme l'expression de la cause nationale.

Cependant Mouleï-Mohammed n'était pas encore paisible et incontesté possesseur de la souveraineté ; un parent du dernier roi de Fez, Bon'Azzoun, entreprit de faire valoir ses droits à la couronne ; il alla implorer à Lisbonne des secours d'hommes et d'argent, promettant qu'une fois rétabli sur le trône il paierait tribut au Portugal et reconnaîtrait sa suzeraineté.

Jean III fit trop ou trop peu ; car il lui donna quelques centaines d'hommes seulement qui semblaient dévoués à une mort assurée s'ils eussent débarqué dans le royaume de Fez ; mais ils n'eurent pas à combattre l'ennemi contre lequel on les menait, ils furent faits prisonniers en mer, avec le prince, par le pacha d'Alger. Celui-ci se laissa gagner à la cause de son captif, rassembla une armée, battit deux fois le Chérif et rétablit Bon'Azzoun à Fez. Mais à peine était-il de retour à Alger qu'il apprit que son protégé avait été battu à son tour et tué par le redoutable Chérif. Mouleï-Mohammed demeura donc cette fois seul maître de l'empire, et laissa le trône à son fils

Mouleï-Abd-Allah. Ce prince voulut signaler
son avénement par une tentative importante
contre Mazagan ; mais il eut beau conduire devant la place un matériel de siége formidable
et s'opiniâtrer dans l'attaque, il fut contraint
de se retirer après avoir éprouvé des pertes
considérables. Les Portugais ne prirent pas
occasion de ce succès pour chercher à s'établir sérieusement dans le pays; ils se conten-
tèrent de tenir garnison dans les places déjà
conquises. Rien d'important n'arriva jusqu'à
la célèbre expédition du jeune roi Sébastien,
qui, par la grandeur des préparatifs et l'audace
déployée dans l'attaque, sembla menacer de
destruction la dynastie des Chérifs. Ce fut le
dernier éclair de la conquête portugaise dans
le Maroc. Mais le caractère chevaleresque de
don Sébastien et sa fin malheureuse veulent
que cette expédition soit racontée avec quelque détail.

Le jeune roi en avait conçu depuis quelque
temps le projet et s'en était ouvert au cardinal-
infant qui, plus prudent, ou jaloux de la gloire
qu'un autre pouvait acquérir, s'y était opposé
avec obstination. Enfin, n'écoutant plus que
son ardeur, Sébastien convoqua à Cintra toute

la noblesse portugaise, les Santarem, les Carvoa, les Albuquerque, don Juan de Portugal, Roberto de Souza et tant d'autres. La résistance fut vive de la part du cardinal-infant et de ses partisans, mais il fallut céder à la volonté énergiquement exprimé du jeune roi; une fois la guerre résolue, tous les vieux capitaines de Jean III ne songèrent plus qu'à faire leur devoir; il n'y eut pas un hidalgo qui ne sollicitât de faire partie de l'expédition. Camoens demanda vainement à en être l'historiographe; il était oublié, on lui préféra un inconnu.

Cependant des présages fâcheux étaient annoncés de tous côtés; les astres étaient contraires à cette entreprise : les prêtres se faisaient interprètes de tous ces bruits et leur influence était considérable. Malgré tout le jeune roi donna le signal du départ à cette belle flotte que Lisbonne ne devait plus revoir; elle se composait de trois escadres, sans compter une importante division d'avant-garde qui était déjà partie pour Cadix. Outre l'armée régulière portugaise, des Allemands, des Espagnols, des Italiens avaient été engagés pour cette campagne; on comptait jusqu'à des bataillons

d'aventuriers de la dernière classe, des gita-
nos recrutés par force, des prisonniers, des
déserteurs, des bandits enrôlés de tous côtés,
ramassis immonde peu digne de partager la
gloire des véritables troupes.

Ce fut vers la fin de juin 1578 que cette armée débarqua à Arzilla.

Mohammed, renversé du trône par Mouleï-
Abd-El-Malok que quelques historiens appellent Muley-Molue et que les Portugais appellent
Molucco, avait promis un concours nombreux
de ses partisans ; soit qu'il se fût trompé lui-
même sur le nombre des adhérents qu'un sou-
lèvement pourrait joindre à sa cause, soit qu'il
eût feint de compter sur des troupes qu'il sa-
vait dévouées à l'ennemi, pour ne pas décou-
rager son allié, il ne se présenta qu'avec quelques centaines de guerriers. Sébastien, plein
de confiance malgré ce contre-temps, n'en mar-
cha pas moins ; il n'avait pas rassemblé un
grand nombre de cavaliers, comptant sur ceux
que Mohammed lui devait amener ; cette infé-
riorité de sa cavalerie fut une des causes qui
amenèrent sa perte.

D'ailleurs, Molucco, prévenu depuis longtemps des desseins du roi de Portugal, avait

réuni des forces imposantes : 40,000 cavaliers, 10,000 fantassins et une innombrable multitude de hordes du désert : Alerbes, Azuagos ou Arabes ; c'était toujours la guerre sainte ; les tribus les plus éloignées avaient répondu à l'appel.

Ce fut dans la plaine d'Alcazar, non loin de Ksar-Al-Kebir, que les deux armées se rencontrèrent. Le choc fut effroyable ; des deux côtés on fit des prodiges de vaillance et l'on combattit avec un acharnement sans égal. Les auxiliaires étrangers surtout montrèrent une fermeté à toute épreuve ; alors que les Portugais eurent faibli, ils tinrent seuls contre des forces innombrables et moururent plutôt que de reculer. La bataille dura plus de vingt-quatre heures, et ce qui ne s'était jamais vu dans les fastes de la guerre, les vainqueurs perdirent deux fois plus de monde que les vaincus. Les Portugais ne pouvaient réparer leurs pertes, tandis que dans l'armée Marocaine, à un bataillon détruit succédaient des bataillons plus nombreux.

« La mort du vieux roi Molucco, dit Voltaire, est une des plus belles dont l'histoire fasse mention. Il était languissant d'une grande maladie; il se sentit affaibli au milieu de la bataille, donna tranquillement ses derniers ordres, et expira en mettant le doigt sur sa bouche, pour faire entendre à ses capitaines qu'il ne fallait pas que ses soldats sussent sa mort : on ne peut faire une si grande chose avec plus de simplicité. »

Mouleï-Mohammed, son compétiteur, se noya au passage d'une rivière, et don Sébastien périt bravement, les armes à la main, à la tête de sa noblesse; on le supposa du moins, car son cadavre ne fut pas retrouvé. Le mystère qui avait entouré sa mort, non moins que la grandeur chevaleresque qui avait présidé à son entreprise, lui donna le caractère d'une légende. Beaucoup de Portugais refusèrent de croire à cette mort. Une fable étrange s'accrédita sous la domination espagnole; le retour du roi Sébastien devint un mythe, une croyance nationale, semblable à celle du roi Arthur de la Table-Ronde, que le temps même et les idées modernes n'ont pu détruire. On trouve encore de nos jours, trois cents ans après la bataille d'Alcazar, au Portugal et même au Brésil, une secte de « Sébastianistes » qui attendent la venue de don Sébastien comme les Juifs celle du Messie.

A la mort de Sébastien, son oncle, le cardinal-infant don Henri, se fit proclamer roi,
mais il mourut bientôt, et la maison de Bragance n'ayant pas des forces suffisantes pour
appuyer ses prétentions au trône, Philippe II
d'Espagne réunit sur sa tête les deux couron-
nes, et par conséquent les quelques possessions qui restaient au Portugal sur la côte
d'Afrique furent jointes aux possessions espagnoles. En 1648, les deux royaumes ayant été
séparés de nouveau, Mazagan et Tanger revinrent au Portugal, mais Ceuta resta à l'Espagne.

En 1662, Tanger fut donné à l'Angleterre,
comme dot de la princesse Catherine de Portugal; en 1769, Mazagan restait seule de toutes
les anciennes possessions; l'abandon en fut ré-
solu. Le gouverneur, assiégé par l'empereur
du Maroc, qui, averti de la renonciation du
Portugal, voulut se donner aux yeux de ses
sujets le mérite d'une conquête, capitula, em-
menant avec lui la garnison militaire et les na-
tionaux qui commerçaient dans la ville. Ainsi
finit l'occupation portugaise dans le Maroc,
après trois siècles et demi de luttes sans résultat.

LA GUERRE ACTUELLE

—

Pendant que, sur la foi des traités, la garnison de Ceuta construisait une caserne sur les limites de son territoire, des masses considérables de Maures accoururent qui se ruèrent contre les travailleurs, assassinèrent les sentinelles, rasèrent les murs du fort, et, après avoir traîné dans la boue l'écusson d'Espagne, dirigèrent contre la ville un feu si bien nourri que pendant trois jours la garnison fut impuissante à les repousser.

C'est le 25 août 1859 qu'eut lieu cette audacieuse agression, point de départ de la guerre

9

actuelle. Les assaillants appartenaient à la tribu d'Emggera : ce sont les descendants de cette race mauresque qui fut chassée d'Espagne par l'inquisition. Chez eux, le fanatisme est toujours vivace : chaque famille conserve comme un objet sacré les clefs de la maison qu'elle habitait à Murcie ou à Séville, et tous ses membres ont juré sur ces reliques une haine éternelle aux Espagnols.

En dehors de ce fanatisme aveugle, il serait difficile de trouver un motif à cette attaque inopinée. Le Maroc, en effet, était en pleine paix avec l'Espagne; à ce moment même, une commission d'ingénieurs des deux nations traçaient autour de Mélilla les limites d'un territoire cédé par Abd–Er–Rhamann aux Espagnols, cession qui a été ratifiée plus tard par Sidi-Mohammed. — Pour expliquer l'audace des Maures, les feuilles de Madrid ont parlé de suggestions venues du dehors; mais l'Angleterre a trop laissé voir le déplaisir que lui cause la guerre de l'Espagne contre le Maroc pour qu'on l'accuse sérieusement de l'avoir provoquée. Il est plus naturel de ne voir dans l'attaque de Ceuta qu'un symptôme de la sourde fermentation qui agite en ce moment l'Islamisme, et qui, de l'ouest à l'est, se révèle par les scènes fanatiques de Tunis, la conspiration de Constantinople, les luttes des Druses et des Maronites, et enfin par l'annonce de la venue du Madhi, dans l'Inde.

Quoi qu'il en soit, l'événement ne fut pas plus tôt connu, qu'il se fit en Espagne une subite révolution. Le peuple, qu'on croyait épuisé par de longues guerres civiles, retrouva tout-à-coup l'esprit guerrier des anciens jours. Ce ne fut qu'un cri d'extermination contre les Maures ; toutes les classes de la société, tous les partis politiques s'unirent dans une même pensée.

Le gouvernement ne resta point en arrière de l'esprit public : dès le 3 septembre, le consul d'Espagne à Tanger demandait pleine et entière satisfaction et exigeait des garanties pour l'avenir. En même temps, on expédiait à Ceuta quatre mille hommes ; on établissait un camp près de Gibraltar ; dans tout le royaume, les armements militaires étaient poussés avec une surprenante activité, et les bataillons provinciaux étaient organisés. — La reine, alors en voyage, devança son retour à Madrid et convoqua les Cortès pour le 1er octobre.

Le 7, mourut Abd–Er–Rhamann, laissant à son fils aîné, Sidi–Mohammed, un trône menacé au dehors, contesté à l'intérieur. La guerre civile éclata dans le Maroc, et s'étendit de l'Atlantique jusqu'au Riff. Le fanatisme vint y joindre ses fureurs : les chrétiens et les juifs furent partout menacés ; les consuls eux-mêmes furent forcés de se barricader dans leurs demeures. L'agitation gagna rapidement les tribus qui avoisinent, à l'est, les possessions françaises. Nos établissements et nos postes militaires furent attaqués. Le général de Martinprey accourut en toute hâte. — On connaît le résultat de sa brillante expédition.

Pendant ce temps là, Sidi–Mohammed, à la tête de 25,000 hommes, partait de Maroc, battait auprès de Fez son plus redoutable adversaire, et se faisait proclamer empereur à Fez, à Méquinez, à Tétuan et à R'zabat. — L'insurrection vaincue, restait à vider la question d'Espagne. Sidi – Mohammed demanda tout d'abord un sursis, afin d'examiner ce que les réclamations des Espagnols avaient de juste et de fondé. Le cabinet de Madrid fixa le 15 octobre comme dernier délai et enjoignit à son consul de quitter Tanger si, à cette époque, il n'avait point reçu les satisfactions demandées.

Cependant, l'Espagne se préparait à la guerre : les conférences du maréchal O'Donnel avec les ambassadeurs étrangers se multipliaient ; le ministre des affaires extérieures retournait en toute hâte à Madrid, et la présence dans cette ville du duc de Malakoff pouvait faire croire à une alliance hispano-française. Les feuilles madrilènes annonçaient déjà que le vainqueur de Sébastopol était venu en Espagne pour arrêter avec le président du conseil les mesures qui seraient prises en commun par les corps expéditionnaires dirigés sur le Maroc. Les récentes attaques des Maures contre les possessions algériennes, la réunion d'un corps considérable à Nemours, les intérêts apparents de la France dans l'empire des Chérifs, tout rendait vraisemblable une action commune entre l'Espagne et la France : celle-ci, en effet, pouvait profiter de la faiblesse ou du mauvais vouloir du gouvernement marocain pour s'emparer d'Oucda, étendre ses frontières jusqu'aux montagnes du Riff, garder la Moulouïa, qui est navigable dans presque tout son parcours, franchir l'Atlas, descendre

dans la Guinée, et arriver par là dans ses
établissements du Sénégal, avec un pied sur
l'Océan et l'autre sur la Méditerranée. De son
côté, l'Espagne pouvait occuper Tétuan et
Tanger, en se chargeant, sous la tutelle de l'Europe, de neutraliser le détroit de Gibraltar
dans l'intérêt du commerce et de la paix uni-
verselle. — Tels pouvaient être les grands
résultats d'une alliance entre les deux pays.

L'Angleterre n'eut garde de méconnaître ce
pressant danger : tandis que les Etats-Unis
demandaient au gouvernement espagnol des
explications sur ses armements, le cabinet de
Saint-James offrait ses bons offices : d'un côté,
il pressait énergiquement l'empereur du Maroc
de faire des concessions à l'Espagne ; de l'autre,
il modérait les emportements guerriers de cette
dernière puissance ; — on a parlé d'une note
menaçante ; nous ne savons si le mépris du
droit et l'intimidation ont été poussés jusque
là, mais il est certain que l'Espagne a été
ferme dans ses réponses, aussi bien vis-à-vis
du gouvernement anglais que de celui des
Etats-Unis.

Si l'on s'étonne de voir une nation, qui se
vante de marcher à la tête de la civilisation,

prendre en main les intérêts des Barbares et des pirates, on s'étonnera bien plus du cynisme avec lequel les journaux anglais expliquèrent l'attitude de leur gouvernement.

Ecoutons le *Morning Chronicle* (7 octobre) :

Le devoir de l'Angleterre est d'empêcher par tous les moyens possibles que la guerre éclate entre l'Espagne et le Maroc : nous ne sommes donc pas surpris de ce qu'on dit d'une altercation entre le maréchal O'Donnel et le ministre anglais résidant à Madrid, ou de la dépêche qu'a envoyée à la cour d'Espagne, par courrier extraordinaire, le gouvernement de Sa Majesté. Cette dépêche est probablement de nature à engager l'Espagne à renoncer au plus vite à ses projets sur le port de Tanger, et à son intention d'envahir le Maroc, car il n'y aurait pour elle que ruine et désastre.

Autant en disait le *Times,* cet organe fidèle de l'opinion publique en Angleterre. Après avoir exposé, avec un sentiment de crainte et de jalousie, l'état actuel de l'Espagne et le beau mouvement d'enthousiasme qui l'agite aujourd'hui, il ajouta que la Grande-Bretagne avait d'autant plus le droit de se préoccuper de la question, que l'armée et la flotte espagnole étaient réunies autour de Gibraltar. Le *Hérald,* organe du dernier ministre des affaires étran-

gères, comte de Malmesbury, fut encore plus
explicite :

Tanger, port très-sûr, fut possédé vingt ans par la couronne d'Angleterre à titre de douaire : apporté par Catherine de Portugal, femme de Charles II, il ne fut abandonné
que par suite de la *perpetual annoyance* des tribus maures.
Or, l'Angleterre, sans parler de ses droits historiques, ne
pourrait tolérer une conquête espagnole, que rien ne mo-
tive d'ailleurs. *Tanger aux mains d'une puissance européenne est une menace à Gibraltar, et, par voie de consé-
quence, à Malte.*

On ne peut avouer plus naïvement ce qui
n'est pas avouable. — Ainsi, pour conserver
sa prépondérance à Gibraltar, qu'ils n'ont pas
même conquis, les Anglais voudraient inter-
dire à l'Espagne le droit de venger son honneur offensé. Du reste, les exemples de cette
prétention à tout soumettre à leurs intérêts
sont fréquents dans l'histoire d'Angleterre, et
les faits qui précèdent remettent en mémoire
les démarches non moins vives que fit le gouvernement britannique (1844) dans une circonstance semblable, où l'honneur de la
France était en jeu.

« Quand les Anglais virent une armée française sous les ordres du gouverneur-général de

l'Algérie entrer dans le Maroc, et une escadre française, commandée par un fils du roi, paraître devant Tanger, l'inquiétude fut grande, et sir Robert Peel, toujours très-attentif aux impressions publiques, s'en préoccupa vivement.

» Des instructions pressantes partirent de Londres, ordonnant au consul général anglais à Tanger, de peser de tout le poids de l'Angleterre sur l'empereur du Maroc pour qu'il fît droit aux réclamations de la France et arrêtât le cours de la guerre. Le cabinet anglais aurait, au fond, désiré que nous lui laissassions le soin de nous faire obtenir la justice que nous demandions, et il ne s'y fût pas épargné ; mais il nous convenait de prouver au Maroc notre force en nous faisant justice nous-mêmes. Autant nous souhaitions peu de faire en Afrique de nouvelles conquêtes, autant nous étions décidés à mettre celles que nous y possédions hors de page, en n'admettant pas que personne vînt nous y troubler, ni que nous eussions besoin d'aucun appui étranger. M. le prince de Joinville, en frappant, dans l'espace de dix jours, les deux principales villes du Maroc sur ses côtes, Tanger et Mogador, et le maréchal Bugeaud, en dispersant d'un coup l'armée marocaine sur les rives de l'Isly, portèrent rapidement la politique française au but qu'elle se proposait. M. le prince de Joinville accomplit l'œuvre avec autant de sagacité que de prudence, en prenant sur lui d'engager sur-le-champ la négociation de la paix aussi résolûment qu'il avait poussé la guerre, et la question du Maroc fut vidée sans que notre bonne entente avec l'Angleterre en reçut aucune atteinte, sous les yeux de ses marins et au milieu des allées et venues de ses agents, empressés de nous prêter leurs bons offices, que nous acceptions volontiers en pouvant nous en passer (1). »

On ne saurait trop flétrir cette tyrannie d'une nation qui veut à tout prix garder le premier rang, non point en grandissant elle-même, mais en empêchant les autres de grandir; c'est ainsi qu'elle s'oppose au retour des Iles Ioniennes à leur nationalité grecque, parce qu'elle y perdrait Corfou; c'est ainsi qu'elle s'oppose au percement de l'isthme de Suez, — la plus belle entreprise du siècle, — non pas

---

(1) Guizot, *Etude sur sir Robert Peel.*

qu'elle n'y gagnât plus que personne, mais
parce que le développement de la navigation
des peuples qui bordent la Méditerranée serait
une menace à sa prépondérance. Cela suffit
pour qu'elle entrave de tous ses efforts une des
œuvres les plus grandes et les plus utiles qu'ait
conçu le génie humain. L'Angleterre dit comme
Médée : « Moi seule, et c'est assez ! » C'est
assez, en effet, pour qu'elle s'attire la haine
de tous les peuples. Déjà elle sent son isole-
ment ; mais plus sa prépondérance est menacée, plus elle s'enfonce hardiment dans sa politique égoïste et jalouse. Telle est, dès le
principe, la politique qu'elle a suivie vis-à vis
de l'Espagne, et l'on ne peut croire qu'elle en
ait changé. En vain a-t-elle donné au cabinet
de Madrid l'assurance qu'elle ne s'opposerait
pas à l'occupation de Tanger, ou de tout autre
point du littoral marocain, jusqu'à ce qu'il ait
obtenu une satisfaction complète ; elle a pu
même donner l'ordre à son consul de déclarer
au ministre de Sidi-Mohammed qu'elle ne lui
prêterait aucun appui : elle n'a trompé personne, grâce au soin qu'elle a pris de faire
suivre ces démonstrations diplomatiques de
démonstrations d'un autre genre : trente-deux

vaisseaux, dont la moitié de haut-bord , par-
taient, en effet, de Sicile et de Malte, et venaient mouiller à Algésiras.

Aussitôt, sept navires français, dont cinq de
haut rang, sous les ordres de l'amiral Romain-
Desfossés, firent voile pour la même desti-
nation. — Cet acte spontané de notre gouvernement était d'autant plus significatif, que
l'opinion publique en Angleterre était vivement préoccupée de l'éventualité d'une alliance
hispano-française. Le *Daily News* exprimait
ainsi ses inquiétudes (24 novembre) :

Une alliance entre la France et l'Espagne, ou la menace
simultanée d'une guerre de ces deux puissances contre le
Maroc n'aurait rien de rassurant pour la Grande-Bretagne…. Nous avons le plus grand intérêt à l'indépendance,
ou au moins à la neutralité des territoires qui comman-
dent l'entrée de la Méditerranée. Nous avons à défendre
le roc de Gibraltar, Malte, les Iles Ioniennes, et surtout,
nos communications de l'Inde par Alexandrie. L'audience
accordé par l'Empereur à M. de Lesseps et à la commission de l'isthme de Suez, a sa signification, alors qu'on
sait tout ce que notre gouvernement a fait pour s'y opposer. Sans nous préoccuper outre mesure de l'alliance
hispano-française, n'oublions pas que l'acquisition d'une
haute influence sur les côtes de la Méditerranée a toujours été, au premier chef, une idée napoléonienne.

Quelques jours après, le *Times* assurait que la France avait mis à la disposition de l'Espagne tout un matériel de guerre, et se préparait à lui avancer une somme considérable. En donnant cette nouvelle qui devait lui être particulièrement désagréable, le *Times* se consolait en ajoutant : « Nous nous réjouissons d'avoir prévu que les récentes victoires de la France ne lui permettraient pas de laisser le monde en repos. » — Ainsi mis en demeure de s'expliquer, le gouvernement français publia dans le *Moniteur officiel* une note qui infligeait aux allégations du *Times* le démenti le plus formel et le plus absolu. — L'ensemble et les résultats de la campagne dirigée par l'armée d'Afrique contre quelques tribus marocaines prouvaient suffisamment, du reste, que la presse anglaise était mal renseignée et qu'il n'existait aucune action commune entre la France et l'Espagne.

Tandis que l'Angleterre manifestait ainsi ses craintes et son mauvais vouloir, l'opinion publique saluait en Europe le réveil d'un grand peuple. Partout, en Allemagne aussi bien qu'en France, les prétentions du cabinet anglais furent justement et sévèrement quali-

fiées. On en jugera par l'article suivant, em‑
prunté à la *Gazette de Cologne* (30 octobre) :

Ce qui arrive sur la côte septentrionale de l'Afrique n'est
pas du tout indifférent pour la Prusse. Aussi longtemps
qu'elle servait de refuge à des pirates barbares, les ma‑
rins prussiens devaient considérer la Méditerranée comme
fermée à leurs navires.

La conquête d'Alger par les Français mit fin à l'exis‑
tence de la piraterie algérienne; Tunis et Tripoli durent
accepter une demi-civilisation. Les Allemands, qui n'ont
aucune flotte pour protéger leur commerce, n'ont plus be‑
soin de trembler devant le pavillon des corsaires, même
sur les mers allemandes, comme cela est arrivé au com‑
mencement de ce siècle.

C'est seulement sur les côtes du Maroc que dure encore
l'ancienne piraterie et la tentative faite par la jeune ma‑
rine prussienne pour châtier les pirates du Riff a failli nous
coûter cher. Nous devons donc nous réjouir que ces bar‑
bares aient lassé la patience de l'Espagne et que ce pays
menace d'une déclaration de guerre le nouveau sultan,
dans le cas où il refuserait les satisfactions qu'on a le droit
d'exiger de lui. On ne doit pas admettre comme excuse
que les habitants de la côte appartiennent à des tribus
turbulentes sur lesquelles le sultan ne possède aucun
moyen d'action. Si le sultan veut être considéré comme le
maître de ce pays, il doit être responsable de ce qui s'y
passe.

Le gouvernement anglais s'est occupé de terminer amia‑
blement la querelle de l'Espagne et du Maroc. Nous ne
pouvons pas trouver mauvais que la Grande-Bretagne in‑
terpose ses bons offices pour empêcher l'effusion du sang,

et nous devons souhaiter qu'elle réussisse. Mais nous n'admettons pas que l'Angleterre menace l'Espagne de lui déclarer la guerre parce que les Espagnols pourraient faire des conquêtes en Afrique, se trouver sur les deux rives, et, dans une certaine mesure, devenir les maîtres du passage.

L'Angleterre peut profiter du hasard qui lui a donné la possession du rocher de Gibraltar et s'en servir comme il lui convient. Mais elle n'a aucune juridiction sur un état indépendant qui se trouve hors de la portée de ses canons.

Du reste, l'Espagne n'est pas une puissance à se laisser intimider. Elle a déjà donné à l'Angleterre la preuve qu'elle sait défendre son indépendance et son honneur national.

Soutenu par la justice de sa cause et par l'enthousiasme de la nation, le cabinet de Madrid se montra ferme contre des exigences injustifiables : il réserva toute sa liberté d'action. M. Calderon Collantès répondit *non* quand on lui demanda si les Espagnols occuperaient d'une manière permanante Tanger, ou tout autre point de la côte pouvant donner à l'Espagne une supériorité périlleuse pour la libre navigation de la Méditerranée ; mais quand lord John Russel et M. Buchanam offrirent leur médiation, soit pour résoudre le différend, soit pour obtenir que les opérations de l'armée expéditionnaire fussent limitées, le ministère refusa nettement de se lier les mains et, dit-on même, renvoya fièrement des notes qu'il croyait offensantes pour sa dignité.

On ne saurait trop louer l'Espagne de la conduite qu'elle a tenue dans cette lutte diplomatique : d'un côté, elle a rendu la sécurité à l'Espagne, qui ne saurait voir sans inquiétude l'Angleterre régner en maîtresse absolue dans le détroit de Gibraltar ; de l'autre, elle a gardé pleine et entière son indépendance en face d'exigences intéressées. — Son attitude vis-à-vis de Mohammed, n'a pas été moins ferme ; pour la faire apprécier mieux, nous résumerons brièvement les faits.

Dès le 3 septembre, et sous l'empire de la première émotion, le cabinet de Madrid chargea, nous l'avons dit, son consul à Tanger de demander à l'empereur une satisfaction immédiate. Les réponses du Maroc furent d'abord évasives. La mort d'Abd-Er-Rhamann, les troubles survenus dans l'empire et les difficultés qu'éprouvait Sidi-Mohammed à s'assurer la possession du trône, décidèrent le gouvernement espagnol à proroger à deux reprises l'époque qu'il avait fixée. Le dernier délai devait expirer le 15 octobre. Cependant

les négociations traînaient en longueur. Le
consul s'en plaignit et menaça, puis remit à
Sidi-Djelib, ministre des affaires étrangères
et représentant de l'empereur, une note for-
mulant comme suit les prétentions de l'Espagne :

1° Le pacha ou gouverneur de la province
remettrait lui-même les armes d'Espagne à la
place où elles étaient lorsqu'elles furent renversées, et il les ferait saluer par ses troupes;

2° Les troupes marocaines infligeraient aux
coupables, sous les murs de Ceuta, la peine
qu'ils avaient encourue ;

3° Le gouvernement marocain nommerait
deux ingénieurs qui, conjointement avec deux
ingénieurs espagnols, détermineraient les
points les plus convenables pour établir la
nouvelle ligne des frontières et prendraient
pour base de la démarcation la Sierra de
Bullones. (1)

Telles étaient les dures conditions au prix
desquelles l'Espagne consentait à se déclarer

(1) Le terrain dont l'Espagne demandait la cession s'é-
tend à plus de deux lieues de Ceuta ; il comprend la Sierra
de Bullones du côté de Tétuan, le point important d'*el-
cab negro* (le cap noir), et, sur le détroit, la colline d'Apez.

satisfaite. On ne peut nier qu'elles ne fussent humiliantes à accepter et difficiles à remplir pour un souverain dont l'autorité était à peine établie ; mais au fond elles étaient justes et nécessaires. C'est à coups de marteau qu'il faut faire entrer dans la tête de barbares le respect de la civilisation.

Tandis que ces longues négociations se continuaient, le gouvernement espagnol se préparait à la guerre, comme s'il eût été certain d'avance de leur inutilité. — Des ordres étaient donnés pour que les bataillons provinciaux fussent mis sous les armes ; le ministre de la marine visitait les arsenaux où régnait la plus grande activité, et le général Echague venait prendre le commandement du corps d'armée réuni à Algésiras. L'esprit public ne perdait rien de son enthousiasme . tout le monde appelait la guerre à grands cris. L'infant don Henri et le duc de Montpensier offraient spontanément leurs services, et demandaient qu'on leur confiât les postes les plus périlleux.

Ce fut au milieu de cet enthousiasme toujours grandissant que s'assemblèrent les Cortès (1er octobre). Dans la séance d'ouverture, le gouvernement présenta un projet de loi portant l'effectif de l'armée pour 1860, à 100,000 hommes, avec faculté de l'élever à 160,000. — Toutes ces mesures étaient accueillies avec faveur. On annonçait que le général O'Donnel aurait le commandement de l'armée expéditionnaire, et, à ce propos, on racontait une légende irlandaise qui flattait à la fois l'ardeur guerrière du peuple et ses haines du moment. « L'Irlande doit être affranchie par un O'Donnel, homme de haute stature, roux, ayant un signe au bras; il partira d'Espagne et vaincra les Anglais. » On sait que les Irlandais ont la prétention, assez peu fondée, d'être d'origine espagnole.

On crut un moment en Europe, ou on feignit de croire, que grâce à l'intervention des puissances étrangères le différend se résoudrait à l'amiable. Cet espoir fut promptement déçu. Le représentant de l'empereur, Sidi-Djelib, transmit au consul espagnol la réponse de son maître à l'ultimatum adressé de Madrid : Sidi-Mohammed se déclarait impuissant à protéger les Espagnols résidant au Maroc contre les attaques des Maures, et il refusait péremptoirement de consentir à la cession du territoire qu'on exigeait de lui. Ce refus catégorique était accompagné de récriminations, habituelles en pareil cas, sur la mauvaise foi des Espagnols et sur l'injustice de leurs demandes.

Nous ne voulons pas trancher la question, et toutes nos sympathies sont pour l'Espagne; mais, il faut bien l'avouer, il était difficile, — pour ne pas dire impossible, — à l'empereur du Maroc de consentir au démembrement de son territoire : il y eût perdu le trône et la vie. — Quoi qu'il en soit, le gouvernement espagnol se considéra comme libéré, par cette réponse, de tout engagement, et enjoignit à son consul de revenir à Madrid. En quittant son poste, M. Blanco del Valle remit à Sidi-Djelib un mémoire où étaient exposés tous les griefs de l'Espagne ; Djelib sollicita un nouveau sursis, mais sa demande fut considérée comme non avenue et on lui notifia, pour toute réponse, la déclaration de guerre.

La rupture définitive des négociations souleva en Espagne un long cri d'enthousiasme. Le peuple, impatient des lenteurs de la diplomatie, donnait déjà au maréchal O'Donnel le nom de *prince de la paix*. Quand il connut la

déclaration de guerre, sa joie n'eut plus de
bornes ; ce fut jour de fête à Madrid. « Tout
le monde, dit *la Discussion*, se félicitait du résultat des négociations; tout le monde applau-
dissait à la guerre. On n'avait plus qu'une
idée, on n'avait plus qu'un sentiment : l'idée
et le sentiment de la patrie. » Le président du
conseil annonça lui-même aux Cortès que la
paix était rompue (21 octobre). Il s'exprima
en termes simples et mesurés. Le lendemain,
il se rendit au Sénat où il fit la déclaration
suivante :

« Je dois déclarer que ce n'est pas une
question d'ambition qui nous conduit au Maroc. Ce n'est pas un principe de conquête qui
nous y mène. Nous allons seulement exiger
des satisfactions complètes. Si nous les obte-
nons, si l'on nous donne des garanties pour
l'avenir, si, en outre, on nous donne, même
après la rupture des négociations, l'indemnité
que la nation espagnole est en droit d'exiger,
notre honneur étant alors satisfait, nous se-
rons tout disposés à faire la paix, et à prouver au monde que ce n'est ni l'ambition, ni
une arrière-pensée coupable qui nous a conduits au Maroc, où nous n'allons que main-

tenir haut le nom espagnol. Bien qu'il ait plû, par malheur, à quelques personnes de croire ce nom abaissé, j'espère que la bravoure de notre armée et de notre marine prouvera qu'il est toujours aussi haut placé qu'il le fut aux meilleurs jours de notre histoire. »

Les applaudissements les plus vifs accueillirent ces paroles : immédiatement fut présentée et votée, par tous les sénateurs présents, la proposition qui suit. « Le Sénat a entendu les explications du gouvernement, et il offre son appui pour sauvegarder l'honneur et les intérêts de la nation. » — Le même jour, le maréchal O'Donnel se rendit à la chambre des députés qui était au grand complet, et dont les tribunes étaient remplies d'un public avide d'assister à cette solennité. Le maréchal exposa les faits, rendit compte de sa conduite et de celle de ses agents, puis ajouta :

« Nous n'allons pas en Afrique animés d'un esprit de conquête ; non ! le Dieu des armées bénira nos armes, et la valeur de nos soldats et de nos marins fera voir aux Marocains que l'on n'insulte pas impunément le peuple espagnol, prêt à visiter les foyers même de l'en-

nemi, s'il le faut, pour trouver la réparation
voulue. — Nous n'allons pas en Afrique pour
attaquer les intérêts de l'Europe ; aucune pensée de cette sorte ne nous préoccupe. Nous
allons laver notre honneur outragé, et exiger
des garanties pour l'avenir. Nous voulons être
indemnisés par les Marocains des sacrifices
qu'a faits la nation. Qui pourrait nous taxer
d'ambition et se plaindre de notre conduite ?
Nous sommes forts de notre raison et de notre
droit ; le Dieu des armées fera le reste ! » —
Des applaudissements chaleureux lui répon-
dirent, et la chambre proclama que la conduite du ministère était, en tout point, digne
d'éloges.

Telles furent ces deux séances mémorables
où le pouvoir royal et la représentation du
peuple s'unirent dans un même élan de patrio-
tisme sous les yeux de l'Espagne enthousias-
mée et de l'Europe sympathique.

Si la guerre avait été populaire avant qu'elle
fût proclamée, elle le fut bien davantage après
la grande démonstration du 22 octobre. Toutes les divisions de partis cessèrent comme
par enchantement : coteries politiques, haines

d'antichambres ou de camarillas, intrigues de
palais ou de ministères, tout s'évanouit à la
voix de la patrie insultée. On eût dit qu'un
souffle d'héroïsme avait passé sur la vieille
Espagne, et que cette vaillante nation se trouvait comme dans son atmosphère naturelle.
Là se trouva réalisée sans efforts la difficile
union du pouvoir et du peuple : le roi et les
princes mirent leur épée au service de la cause
sainte, et devant le conseil des ministres la
reine prononça ces belles paroles : « Il faut
estimer et vendre tous mes joyaux, s'il en est
besoin, pour le succès de cette sainte entreprise ; il faut disposer, sans réserve, de mon
patrimoine particulier pour le bien et la gloire
de mon peuple. Je diminuerai mon luxe : une
humble parure brillera plus à mon cou qu'un
collier de diamants, si ceux-ci peuvent servir
à défendre et élever la renommée de notre
Espagne ? »

La *Correspondancia* qui rapporte ces nobles
paroles ajoute qu'Isabelle II ne le cède point
en héroïsme à Isabelle Ire. Un autre journal
publiait avec beaucoup d'à-propos ce passage
du testament d'Isabelle-la-Catholique :

Je prie et je requiers la princesse, ma fille, et le prince son époux, en leur qualité de souverains catholiques, de prendre bien soin des choses qui sont à l'honneur de Dieu et de sa sainte foi, qu'ils soient très-obéissants aux commandements de la Sainte Mère Eglise, et ses protecteurs et défenseurs, ainsi qu'ils sont tenus, *et qu'ils ne cessent pas de conquérir l'Afrique et de combattre pour la foi contre les infidèles.*

Ces paroles représentent fort bien l'union étroite qui, en Espagne, plus que partout ailleurs, existe entre le sentiment national et le sentiment religieux. Les luttes séculaires du peuple espagnol contre les Maures, qui étaient à la fois les ennemis de son Dieu et de sa patrie, expliquent cette confusion : sa religion est une forme de sa nationalité ; de là, l'inquisition ; de là, la conservation d'une foi encore vivante ; de là le côté religieux que présente aujourd'hui son enthousiasme patriotique. Aussi, le clergé a-t-il été, dès le principe, parmi les plus chauds partisans de la guerre. Sans attendre qu'on les lui demandât, il a fait partout des prières pour le succès de la *croisade ;* l'archevêque de Valence a solennellement béni les drapeaux, et, en s'adressant aux soldats, il a confondu dans une seule et même cause les intérêts de l'Eglise et les intérêts de la patrie. Espérons cependant que l'Espagne constitutionnelle et progressiste comprendra qu'elle ne doit faire la guerre au Maroc que pour châtier des barbares, et non pour convertir des musulmans.

C'est ce même esprit, à la fois religieux et national, qui animait toutes les classes. — Je me trompe : il n'y avait ni haute, ni basse classe, il n'y avait que des Espagnols. La noblesse, les universités, la presse, la grandesse et le peuple s'abandonnaient tout entiers à la même impulsion : de chaque province accouraient des volontaires ; dans les couvents, moines et religieuses, songeant aux blessés, charpillaient la toile ; les sœurs de Saint-Vincent-de-Paul demandaient à suivre l'expédition. Chacun apportait son offrande : de vieux soldats sollicitaient l'honneur de faire une dernière campagne, la banque offrait ses capitaux, le commerce ses épargnes, le peuple son salaire.

Tandis que la chevaleresque Espagne préparait ainsi son armure de combat, le Maroc se levait, frémissant, à la voix de ses marabouts. Les chrétiens et les juifs, menacés sur

tous les points, dûrent s'embarquer à la hâte
et gagnèrent Gibraltar.

Le cabinet de Madrid, contraint de recourir
à la force, adressa (29 octobre) à tous ses
agents diplomatiques à l'étranger la circulaire
suivante, où ses griefs contre le Maroc sont
nettement formulés, et que nous croyons devoir reproduire comme document historique :

« Excellence,

» Les efforts du gouvernement de S. M. pour
le maintien de la paix ont été en tout point
infructueux ; l'esprit de conciliation et d'équité
qui l'ont guidé dans les négociations suivies
avec le gouvernement marocain n'ont pas suffi
à vaincre l'inexplicable résistance que le ministre de l'empereur du Maroc a opposée, dès
le commencement, aux justes réclamations
présentées par le cabinet de Madrid.

» Le représentant à Tanger de S. M. la
reine, notre auguste souveraine, s'est retiré
avec tout le personnel de sa suite. La rupture
des relations entre les deux gouvernements est
déjà un fait accompli.

» Dans ma circulaire du 24 septembre, j'ai

fait connaître à V. Exc. quelles étaient les intentions du gouvernement de la reine à ce sujet. Ces intentions ont été fidèlement suivies.

» L'Espagne a fait en faveur de la paix tout ce qu'elle a pu ; mais le cas qu'elle prévoyait alors est arrivé, et le gouvernement de S. M., fort de son droit et sûr de ne pas avoir donné lieu au conflit dont il déplore les conséquences, est décidé à commencer les hostilités.

» En faisant appel à ce moyen suprême, le gouvernement se croit en devoir de faire connaître l'irrécusable justice de sa cause aux gouvernements avec lesquels il se plaît à entretenir des relations d'amitié.

» Tel est le but de la présente dépêche.

» L'Europe entière connaît, par sa propre expérience, les violences commises en tout temps par les indomptables tribus qui habitent la côte du Riff. Les nombreux bâtiments qui traversent journellement le détroit se trouvent exposés aux attaques des Maures, qui ont exercé parfois en pleine mer des actes de piraterie.

» C'est à peine si l'on trouve une nation dont les sujets n'aient pas eu à souffrir des pertes considérables par ces motifs.

» L'Espagne, outre les préjudices qu'elle éprouvait dans son commerce, voyait constamment menacées ses places fortes de Melilla, El Penon et Alhucemas, dont les garnisons étaient décimées par les attaques incessantes des habitants du Riff.

» Le gouvernement de S. M., qui aurait été dans son droit en employant les moyens dont il dispose pour punir sévèrement de telles insultes, s'est toujours adressé au gouvernement du Maroc pour lui demander réparation des offenses, et des garanties pour la sûreté des forteresses espagnoles sur la côte d'Afrique.

» Voulant donner des preuves éclatantes de son esprit de conciliation, le gouvernement ouvrit des négociations à cet sujet, et dans les derniers jours du mois d'août, signa, comme V. Ex. le sait, une convention tendant à obtenir une solution favorable.

» Dans cette convention, il ne fut pas question de la forteresse de Ceuta, parce que le gouvernement espagnol espérait que celui de l'empereur du Maroc contiendrait les tribus limitrophes, plus dociles que celles de la côte du Riff, et qui n'offraient pas par leur voisinage avec la forteresse espagnole, les mêmes inconvénients que les autres.

» Toutefois, au moment de signer la convention, les Maures de la province d'Auggera, soutenus par des tribus voisines, attaquèrent Ceuta et renouvelèrent pendant quelques jours leurs attaques, obligeant le gouvernement de la reine à renforcer la garnison de la place, et provoquant des rencontres dans lesquelles quelques soldats espagnols ont péri.

» La cour de Madrid réclama immédiatement le châtiment des coupables, la satisfaction due et des garanties pour l'avenir, dans la même forme qu'elle les avait obtenues dans le conflit de Melilla. Le caractère de ces satisfactions devait être en rapport avec les faits eux-mêmes et avec l'importance de la forteresse.

» Les circonstances spéciales dans lesquelles se trouva alors l'empire du Maroc, par la mort du sultan, et le désir dont le cabinet de Madrid se trouvait animé de terminer pacifiquement ce conflit, le portèrent à proroger, à deux reprises, les délais fixés pour obtenir la réparation due.

» Cette nouvelle preuve de modération n'a

pas produit l'effet auquel on devait s'attendre.

» Deux mois se sont écoulés sans pouvoir obtenir une réponse définitive aux réclamations du représentant de S. M. à Tanger. Le ministre marocain, Sidi-Mohammed-Djelib, ne donnait que des réponses évasives, ou tout au plus de vaines promesses de justice.

» Le dernier délai était sur le point d'expirer le 15 de ce mois, et tout ce que l'on avait pu obtenir était d'abord l'offre de châtier les coupables et de saluer le pavillon espagnol, laissant en litige les nouvelles limites du territoire de la juridiction de Ceuta, qu'il était nécessaire 'de faire reculer en présence des dernières agressions.

» Celles qui avaient été fixées dans la convention de 1845 pour la défense de la forteresse étaient insuffisantes, et l'on avait reconnu qu'il fallait appliquer à Ceuta ce qui venait d'être stipulé pour Melilla, par la convention du 25 août de cette année, approuvée par le nouvel empereur du Maroc.

» Tout à coup, les négociations prirent une nouvelle tournure. Le ministre marocain adressa au consul général de S. M. à Tanger, deux notes dont le contenu fit concevoir au

gouvernement de la reine l'espoir de conserver
la paix, en obtenant par la voie diplomatique
les concessions qu'exigeaient la dignité de
l'Espagne et l'intérêt de la nation.

» Par la première de ces notes, datée du
11 de ce mois (13 de rabbich, an 1276), Sidi-
Mohammed-Djelib fit connaître qu'il avait
reçu un firman de son maître qui lui accor-
dait les pouvoirs les plus amples pour accéder
aux réclamations espagnoles. Il ajoutait dans
la même note qu'il n'avait pas encore reçu de
son souverain de réponse relativement à l'a-
vis qu'il lui avait demandé sur les points en
litige, mais qu'elle ne lui était pas nécessaire,
parce qu'il avait été autorisé à régler toutes
les questions pendantes.

» Dans la deuxième, datée du 13 courant
(15 de rabbich, an 1276), le ministre marocain, répondant à une note du représentant
de S. M., dans laquelle celui-ci le pressait de
déclarer s'il acceptait ou non la demande de
l'extension des limites territoriales de Ceuta
jusqu'aux hauteurs nécessaires pour la sûreté
et la défense de la forteresse, Sidi-Mohammed-Djelib, après avoir dit qu'il croyait
que lesdites collines étaient comprises dans

les limites anciennes (celles de 1815), faisait
cette déclaration : « Mais si ce n'est pas comme
nous le croyons, votre volonté étant d'éloigner tout motif qui puisse donner lieu à des
désagréments entre les deux parties, nous ac-
ceptons l'extension desdites limites jusqu'aux
hauteurs nécessaires pour la sûreté de ladite
forteresse. »

« Le gouvernement de S. M., qui devait
considérer, en vue de ces explicites déclarations, que toutes les difficultés jusqu'alors
suscitées étaient aplanies d'une manière satis-
faisante, s'empressa d'informer le représentant de la reine à Tanger de la manière dont
les satisfactions réclamées et explicitement of-
fertes devraient être mises à exécution.

» 1° Le pacha ou gouverneur de la province remettrait lui-même les armes d'Espagne à la place où elles étaient lorsqu'elles
furent renversées, et il les ferait saluer par
ses soldats;

» 2° Les soldats du Maroc infligeraient aux
coupables, sous les murs de Ceuta, la peine
qu'ils avaient encourue;

» 3° Le gouvernement marocain nommerait deux ingénieurs qui, conjointement avec

11

deux ingénieurs espagnols, détermineraient
les points les plus convenables pour établir
la nouvelle ligne des limites, en expliquant
qu'ils devraient prendre pour base de la démarcation la sierra de Bullones.

» Le gouvernement de la reine a appris avec
un vif mécontentement la réponse faite par
Sidi-Mohammed-Djelib à la note qui lui fut
adressée dans ce sens par le consul de S. M.,
à la date du 16 courant.

» Le ministre marocain retirait tout ce
qu'il avait si formellement accordé, inter-
prétait violemment les notes du gouvernement espagnol, et désavouait les déclarations
contenues dans sa communication du 11 sur
la réception des pleins pouvoirs pour l'ar-
rangement des questions avec l'Espagne.

» Persuadé alors que la dignité de la nation
et son honneur ne lui permettaient pas de
continuer à traiter avec des agents qui mé-
connaissaient les sentiments de loyauté, le
gouvernement de la reine donna l'ordre au
consul général d'Espagne à Tanger de faire
valoir pour la dernière fois aux yeux du
ministre marocain son inconséquence, d'amener le pavillon et de se retirer de Tanger

avec tout le personnel de la mission espagnole, déclarant les négociations rompues et
faisant appel à la force pour terminer le conflit.

» L'historique des faits qui ont eu lieu dès
le commencement de la question, témoigne
de la nécessité dans laquelle s'est trouvé le
gouvernement de la reine d'avoir recours à la
force.

» Tel est le terme nécessaire lorsque des dif-
férends graves s'élèvent entre deux nations et
que l'une d'elles se refuse à entendre la voix
de la raison et de la justice. Je ne doute pas que
le gouvernement de.... ne reconnaisse qu'elles
sont de notre côté.

» Le gouvernement de la reine s'est attaché à
maintenir avec fermeté et modération l'honneur national et les intérêts légitimes ; il ne se
départira pas de ces sentiments si le succès
couronne les efforts de son armée.

» Pendant la guerre qui va commencer, le
cabinet de Madrid respectera les droits des
puissances neutres et protégera les sujets des
nations amies établies sur les points de l'empire du Maroc qui seront conquis par l'armée
espagnole.

11.

» Des instructions dans ce sens ont été communiquées au commandant de la flotte destinée à opérer sur les côtes du Maroc, ainsi qu'aux chefs des corps de l'armée expéditionnaire.

» L'Espagne confie à son escadre et à son armée la défense de son honneur offensé et de ses intérêts en danger. Forte de son bon droit, sûre d'avoir fait reconnaître sa modération par des actes irrécusables, sans combinaison avec aucune autre puissance, sans arrière pensée ambitieuse, elle veut mettre un terme par la guerre à l'état intolérable que lui crée l'hostilité perpétuelle des Maures contre ses places fortes.

» Cependant, quel que soit le résultat des opérations militaires et la nature des garanties que le cabinet de Madrid exigerait pour en assurer le succès et éviter le renouvellement des attentats commis, le gouvernement de S. M., fidèle à ses intentions, respectera les intérêts qui existent et les droits de tous les peuples; il n'occupera, d'une manière permanente, aucun point dont la possession pourrait procurer à l'Espagne une supériorité dange-

reuse pour la libre navigation de la Méditerranée.

» L'Espagne a cherché à maintenir avec le
Maroc des relations pacifiques et même ami-
cales, et, dans ce but, elle a conclu avec cet
empire, dans l'espace d'un siècle, quatre traités dont l'exécution aurait contribué à faire
disparaître toutes les causes de querelles et de
conflits.

» L'ignorance ou la négligence du gouvernement du Maroc ont donné lieu, à toutes les
époques, à leur transgression.

» Le temps est enfin venu de faire cesser
pour les deux pays une situation si irrégulière
et si dangereuse pour leur tranquillité et leurs
intérêts réciproques. Ce que ni la raison ni les
efforts persévérants des gouvernements civilisés n'ont pu obtenir, il faudra le réclamer par
la force, mise au service du bon droit. »

Alea jacta est!... Aux bandes indisciplinées
des Berbères et des Maures, aux pirates du
Riff, l'Espagne oppose aujourd'hui une armée
de 50,000 hommes et une flotte ainsi composée : vingt navires de guerre armés de 327
canons ; vingt-quatre canonnières, onze trans-

ports. L'armée d'invasion comprend trois corps de troupes :

Le premier corps est commandé par le maréchal de camp D. Raphaël Echague ; le second, par le lieutenant général D. Juan Labala ; le troisième, par le lieutenant général D. Antonio Ros de Olano.

La division de réserve, par le lieutenant général Prim, comte de Reuss.

Le chef d'état-major général est le maréchal de camp D. Louis Garcia.

Général en chef, don Léopoldo O'Donnel y Joris, comte de Lucéna.

Le maréchal O'Donnel quitta Madrid le 8 novembre : accueilli partout sur son passage par les ovations populaires, il s'embarqua à Algésiras, emportant avec lui la fortune de l'Espagne.

Ici s'arrête l'histoire des rapports de l'Espagne avec le Maroc. — En ce moment, cette histoire se continue devant Ceuta, non plus avec la plume, mais avec l'épée. Puisse-t-elle être glorieuse pour l'Espagne !

FIN

TABLE

PRÉFACE.   v

AVANT-PROPOS.   1

LE MAROC ET L'ESPAGNE EN 1860.   11

LE MAROC.   11
Climat.   14
Productions.   16
Flore.   20
Faune.   21
Population.   22
VILLES PRINCIPALES.   36
Fez.   37
Ceuta.   45
Tétuan.   46
Mélilla.   47
Téza.   48
Tanger.   49
Salé.   54
Rabat.   54

Méquinez. 54
Mazagan. 55
Saffi. 56
Maroc. 57
Sainte-Croix. 61
Gouvernement, administration. 63
Religion. 67
Instruction. 75
Tribunaux. 76
Commerce, relations extérieures. 77
Mines. 84
Armée. 86

PARTIE HISTORIQUE. 104
Conquêtes des Espagnols dans le Maroc. 104
Les Portugais au Maroc. 106

LA GUERRE ACTUELLE. 129

.

www.ingramcontent.com/pod-product-compliance
Lightning Source LLC
Chambersburg PA
CBHW070411090426
42733CB00009B/1620